비즈니스 100 프레임워크
유용한 키워드 도감

스즈키 다카히로 감수
이재덕 옮김

BM (주)도서출판 성안당

들어가는 말

　기업 경영 전략에 관한 컨설팅이 시작된 것은 1960년대이다. 그 때부터 지금까지 경영 전략에 쓰이는 다양한 프레임워크들이 차례로 탄생했다. 기업에서 사용하는 프레임워크는 상대 기업과의 경쟁력을 분석할 때, 성공 요인을 찾아볼 때, 어떤 전략을 선택해야 할지 결정할 때, 미개척 시장을 탐색할 때에 이르기까지 아주 다양하다. 프레임워크는 전략 수립부터 문제 해결이나 조직 관리 등 경영 실무를 돕는 것까지 기업 경영에 필요한 여러 요구사항에 맞춰 계속 발전해왔다.

　21세기를 살아가는 우리의 고민은 비즈니스에 필요한 마땅한 프레임워크가 없는 것이 아니라 이미 존재하는 다양한 프레임워크 가운데 어떤 것을 써야 좋을지 선택해야 한다는 것일지도 모르겠다.

이 책에서는 비즈니스에 사용되는 수많은 프레임워크 가운데 104개를 선별해서 사용법을 알기 쉽게 설명하였다. 당신이 지금 바로 사용할 수 있는 프레임워크가 이 안에 분명히 있을 것이다.

경영 전략 컨설턴트

스즈키 다카히로

▶ 제1장

전략 수립
프레임워크

▶▶ 제2장

마케팅
프레임워크

▶▶ 제3장

문제 해결 프레임워크

▶▶ 제4장

매니지먼트
프레임워크

▶▶ 제5장

조직개발
프레임워크

▶▶ 제6장

AI 시대의
지식

COLUMN AI 실업시대란?

제 1 장

전략 수립 프레임워크

비즈니스에서 중요하게 다루는 프레임워크는 사업이나 영업 전략을 세울 때도 활용도가 상당히 높다. 시장이나 기업 자원을 분석하는 기본적인 방법부터 계획 수립에 필요한 방법까지 꼭 알아두어야 할 것을 살펴보도록 하자.

전략 수립 컨설팅에서도 쓰이는 높은 논리 기술

01 피라미드 원칙

주장을 뒷받침하는 근거 나열하기

피라미드 원칙은 문제를 구조화하기 위한 기본적인 프레임워크이다. 피라미드 가장 위에 주장하고자 하는 핵심 주제를 놓고, 그 밑에는 뒷받침하는 근거인 키 메시지를 피라미드 형태로 반복해서 나열한다. 이 프레임워크를 사용할 때는 먼저 이슈=논점을 명확하게 설정하는 것이 중요하다.

이슈를 설정했다면 논리 축을 만들어야 하는데, 어떤 층이든 위에서 아래를 향할 때는 'Why?(왜)' 형태로 질문하고, 아래에서 위를 향할 때는 'So what?(그래서 뭐)' 형태로 대답하는 관계가 성립해야 한다.

특히 어려운 것이 이 'So what?'을 올바르게 이끌어내는 것이다. 모은 사실로부터 올바르게 결론으로 끌어내고 있는지 혹은 논리가 성립하는지 확인하는 습관을 길러야 한다.

꼭 알아두기! ▷ Why?와 So what?은 질의응답관계가 성립해야 한다.

상단 → 하단 : 'Why?' 형태로 질문할 수 있어야 한다.
하단 → 상단 : 'So what?' 형태로 대답할 수 있어야 한다.
이슈를 정확하게 설정해야 한다.

삼각형 형태로 논리를 쌓아 올리기

바바라 민토의 논리의 기술, 피라미드 원칙은 주장하고자
하는 주제의 이유를 들어 설명할 때 사용하며 '왜냐하면'을
반복해서 나열하여 근거에 도달하는 방법이다.

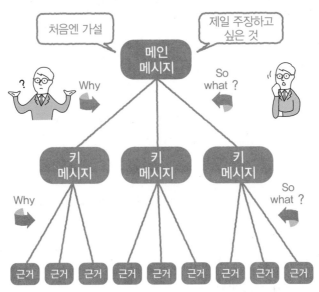

출전: 바바라 민토 저 『신판 가르치기 기술, 쓰기 기술』
(다이아몬드 사) 가필, 수정

Why(왜)와 So what(그래서 뭐)의 문답형태

작은 부분까지 이유가 준비되어 있어
논리적인 주장을 완성할 수 있다

2가지 요소의 진짜 관계를 간파하기

02 상관 분석

플롯에 의한 관계의 가시화

2가지 요소의 관계를 분석하는 '상관 분석'은 사물의 상관 관계성이나 어떤 정책에 대한 효과, 과거의 데이터를 기반으로 미래를 분석할 때 쓰이는 방법이다.

2가지 요소를 가로축과 세로축에 놓고 분석하는 데이터를 그 위에 얹어 나간다. 요소 A가 커질수록 요소 B도 커지면 '정(正)적 상관', 요소 A가 커질수록 B가 작아지면 '부(負)적 상관'이라고 한다. 흩어짐이 적을수록 '강한 상관', 흩어짐이 많을수록 '약한 상관'이라고 부른다. 강한 상관에서는 법칙성과 연동성이 인정되는 것이 특징이다.

이 상관 분석을 통해서 2가지 요소가 '인과관계에 있다' 또는 '다른 요인이 있다', '상관과는 떨어진 특이점에 이유가 있다' 등을 판명할 수 있고 올바른 관계에 있는지도 밝혀낼 수 있다.

꼭 알아두기! ❯ **인과관계와 상관관계를 구별하자!**

인과관계 ··········	원인과 결과가 직접적인 관계
상관관계 ··········	공통의 원인 등에 의한 간접적인 관계
의사상관 ··········	우연 등으로 인해 상관이 보이는 관계

상관관계 보는 법

사물의 인과관계는 다른 2축에 의해 강한 상관과
약한 상관으로 나눌 수 있다.

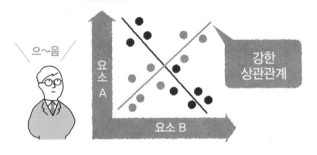

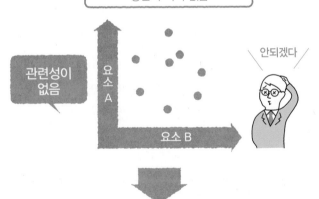

2가지 요소 사이에서 상관의
강한 정도를 판별할 수 있다

전략 수립 | 자사의 현상파악은 3C 분석부터 시작한다

03 | 3C

이해관계에 있는 3C의 'C'를 분석

3C는 비즈니스에서 중요한 이해관계자 3인을 나타내는 약자로 각각의 시점에서 분석하면 균형 잡힌 경영 전략을 구축하거나 신규고객을 유치할 수 있다.

첫 번째 C는 '고객·시장(Customer)'으로 마케팅에서 가장 중요하다. 고객의 특성과 니즈를 나타내는 미크로 시점과 시장 규모와 구조, 성장률을 알아보는 매크로 시점이 있다.

두 번째 C는 '경쟁자(Competitor)'인데 경쟁상대나 경쟁상황을 가리킨다. 세 가지 중에서 정보수집이 가장 어렵고 대상을 규정해야 할 필요가 있다.

세 번째 C는 '자사(Company)'로 자사가 가진 인재, 제품, 자본 등의 경영 자원과 활동상황의 분석이 이에 속한다. 여기에 협력자(Co-Operator)를 더해 4C로 보기도 한다.

꼭 알아두기! 〉 **3가지 'C'란?**

Customer(고객) ·············· 고객의 니즈
Competitor(경쟁자) ········ 경쟁상황
Company(자사) ·············· 자사 분석

MISSION   어떤 상품을 타사보다 더 팔고 싶을 때

METHOD   3C로 시장 분석하기

3요소의 균형 잡힌
전략이 필요하다.

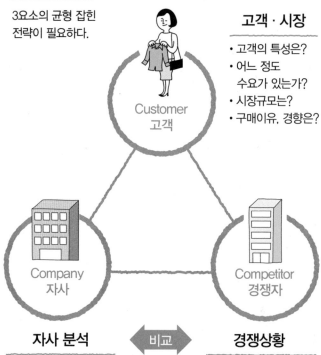

고객 · 시장

• 고객의 특성은?
• 어느 정도
  수요가 있는가?
• 시장규모는?
• 구매이유, 경향은?

Customer
고객

Company
자사

Competitor
경쟁자

자사 분석   ◀비교▶   **경쟁상황**

• 자사의 강점과 약점은 무엇인가?
• 자원은 구비되어 있는가?
• 승리패턴은?
• 목표는?

• 라이벌은 누구인가?
• 라이벌의 강점은?
• 고객 평가는?
• 약점은 무엇인가?

CONCLUSION   전략 결정!

자사 강점(타사에는 없는)을
전면에 내놓고 고객에게 어필하면 좋다!

전략 수립　고객이 무엇을 중요하게 생각하는지 알아보기

04 KBF 분석

고객이 원하는 것은 고객에게 묻기

제품과 서비스를 사는 고객이 무엇을 중요한 판단재료로 하고 있는지 기업이 분석하는 것을 KBF 분석이라 한다. KBF는 Key Buying Factor의 약자로 '구매 결정 요인'으로 번역되어 쓰인다.

KBF 분석은 타깃이 되는 고객층을 정하고 그 고객에 대한 마케팅과 인터뷰 조사를 하는 것이 일반적이다. 물어볼 KBF 항목을 10가지 정도로 정하고, 고객이 각 항목에 대해 어느 정도 중요하게 생각하는지를 조사, 구매동기를 모아 자사 제품과 서비스가 KBF에 어느 정도 부합하고 만족시키는지 분석한다.

KBF(구매 결정 요인)에 부합하는 자사제품이 그보다 떨어지는 타사제품 보다도 팔리고 있지 않은 경우는, KBF 이외의 이유가 존재할 수 있다. 제품이 KBF를 만족시키지 못한다면, 다음 제품개발에 반영해야 한다.

꼭 알아두기!　KBF(구매 결정 요인)로 고객 분석

자사의 타깃인 고객이 무엇을 중시하는지를 간파하고 마케팅이나 신제품 개발에 활용하는 것이 KBF 분석이다.

KBF 분석은 일반 소비자뿐 아니라, B to B 법인이나 공공기관 고객에도 적용 가능하다.

고객이 중시하는 항목을 알기

상품으로 이익을 내기 위해서는 고객의 니즈를 알아야 한다.

예를 들어……

자동차

코스트, 퍼포먼스,
디자인, 크기, 지명도

대학

인지도, 입지, 졸업생의
취직률, 학비 등

Web 회원

편리함, 이벤트, 친밀감,
이용요금

헤드폰

고음질, 무게, 피트감,
색상 종류 등

고객의 각 항목에 대한 만족도를
개선할 필요성이 보인다

전략 수립 | 업계 강자의 성공 요인을 찾아 분석하기

05 | KSF 분석

KSF를 이용한 업계 분석

KSF란 '핵심 성공 요인(Key Success Factor)'의 약자로, 타사와의 경쟁에서 이기고 사업을 성공시키기 위한 가장 중요한 요소라고 할 수 있다.

KSF(핵심 성공 요인)는 문맥에 따라 '업계의 일반적인 성공 요인'과 '특정 기업의 사업 성공 요인'으로 나눌 수 있다. 전자의 경우는 업계 분석을 통해 이미 그 업계에서 우위인 기업을 분석하고, 공통요소를 찾아내는 것이 가장 효율적인 방법이다. 후자는 업계의 KSF나 사회 동향을 파악한 후에 자사가 목표로 하는 성공 조건을 설정하여 중요 요인을 골라낸다.

KSF는 KBF(구매 결정 요인)와 관련이 깊으며, KBF에서 KSF를 유도하는 경우도 있다. 하지만 KSF는 고객 이외의 요소(환경, 시기 등)와도 관련이 있으므로 주의가 필요하다.

꼭 알아두기! KSF(핵심 성공 요인)로 자사 전략 수립하기

KSF 분석으로 자사의 성공 요인을 설정하여 업계 내에서의 경쟁 전략을 세우거나, 새로운 업계에 신규로 참여할지를 판단할 수 있다.

성공 요인 찾기

사업을 성공시키기 위한 요인은 'KSF 분석'으로 불리며
경영전략 분석에서 가장 중요하다.

성공 요인 ◀ 성공 예를 관찰해서
도출할 수 있다.

은행

지점수, 평판, 접근,
금리, 서비스 등

▼

안심

퍼스트 패션

디자인, 기능성, 가격,
상품구비, 점원 태도 등

▼

판매전략

패스트푸드

맛, 가격, 대기 시간,
Wi-Fi 환경, 접근 등

▼

편리성

주얼리 숍

점포수, 광고, 지명도,
가격, 유명인 고객

▼

브랜드 파워

같은 분야에 신규 참여 전략을
세우기 전에 필수!!

전략 수립 | 경쟁사와의 차이를 알고 경영 전략 세우기

06 | 피아 분석

경쟁사와의 차이를 비교·대조하기

자사와 타사를 비교하고 차이를 명확히 아는 데 필요한 프레임워크가 피아 분석이다. 주로 경쟁사와 비교·분석을 한다.

피아 분석에서는 비교 상대가 중요하다. 일반적으로는 같은 업계에서 전략상 가장 중요한 경쟁사를 비교 상대로 삼는다. 업계 톱 기업이라면 2위의 기업, 업계 2위라면 톱 기업을 대상으로 하고 시장점유율이 낮다면 위치가 가까운 기업을 대상으로 한다.

다음으로 중요한 것은 '비교항목'이다. 기업 전략에서는 밸류체인과 경영자본을, 제품 마케팅에서는 타깃이나 4P 등의 마케팅 요소와 목적에 따라 적절한 비교항목을 설정할 필요가 있다. 피아 분석은 기업 비교뿐 아니라 자사 내에서 부서끼리 비교할 때도 사용할 수 있는 프레임워크이다. 두 부서의 차이를 분석하고 장점과 보완해야 할 문제를 찾아내는 것도 가능하다.

꼭 알아두기! **피아 분석에 의한 경쟁사와의 비교**

자사와 경합하는 경쟁사와의 기업이 보유하고 있는 경영자원이나 재무 지표 등을 비교하면 경쟁사와의 차이를 명확히 알 수 있다.

경쟁사와의 차이 비교

자사와 경쟁사와의 차이를 알아보고, 대상 분야에서
승리할 수 있는 전략을 고안할 때 쓰인다.

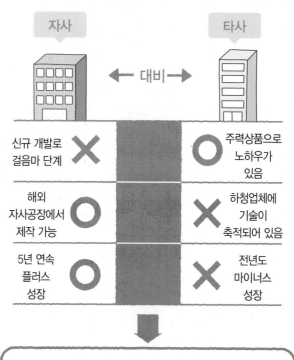

기업전략의 경우

자사	대비	타사
신규 개발로 걸음마 단계 ✗		⭕ 주력상품으로 노하우가 있음
해외 자사공장에서 제작 가능 ⭕		✗ 하청업체에 기술이 축적되어 있음
5년 연속 플러스 성장 ⭕		✗ 전년도 마이너스 성장

자사가 우위에 설 수 있는
항목을 찾아 사업전략에 반영

전략 수립 | 누구에게 무엇을 어떻게 제공해서 이익을 낼 것인가

07 | 비즈니스 모델

비즈니스 모델의 구성 요소

'비즈니스 모델'이라는 단어는 일반적으로도 잘 쓰이는 말인데, 간단히 표현하면 '누구에게', '무엇을', '어떻게 제공해서', '어떻게 이익을 올릴 것인가'를 나타내는 비즈니스 구조이다.

'비즈니스 모델'의 정의는 여러 가지 있지만, 그중 크리스텐센 교수의 정의에 의하면 ① '어떤 고객에게 어떤 가치를 제공하는가'라고 하는 '고객가치 제안(CVP)', ② '인력, 자원, 자본(3M, p.38)'이라고 하는 '주요 경영 자원', ③ 업무 진행 등의 '주요 업무 프로세스', ④ 실제로 '이익을 내는 방정식', 이 4가지를 가지고 이익을 창출하는 구조를 '비즈니스 모델'이라고 한다.

개별적인 비즈니스 모델을 조합하여 더 크고 복합적인 비즈니스 모델을 만들 수도 있다.

> **꼭 알아두기!** **비즈니스 모델의 구성 요인**
>
> 고객가치 제안(CVP) : 누구에게 어떤 가치를 제공할 것인가
> 주요 경영 자원과 주요 업무 프로세스 : 무엇을 어떻게
> 이익 방정식 : 이익을 올리는 구조

비즈니스 모델이란

'누구에게 무엇을 어떻게 제공하고, 어떻게 이익을 낼 것인가'의
구조를 도표로 나타낸 모델이다.

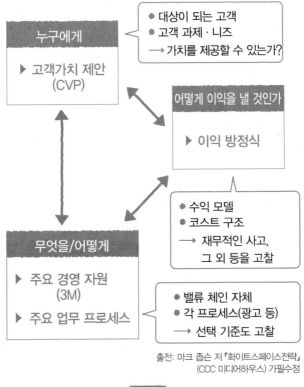

● 대상이 되는 고객
● 고객 과제 · 니즈
→ 가치를 제공할 수 있는가?

누구에게
▶ 고객가치 제안
　(CVP)

어떻게 이익을 낼 것인가
▶ 이익 방정식

● 수익 모델
● 코스트 구조
　→ 재무적인 사고,
　　 그 외 등을 고찰

무엇을/어떻게
▶ 주요 경영 자원
　(3M)
▶ 주요 업무 프로세스

● 밸류 체인 자체
● 각 프로세스(광고 등)
　→ 선택 기준도 고찰

출전: 마크 좁슨 저 『화이트스페이스전략』
(CCC 미디어하우스) 가필수정

3가지 요소가 무리 없이
성립하는 관계여야 하는 것이 중요!

3가지 요소 중 각 항목을 변화시켜
실현 가능한 전략 세우기

전략 수립 자사를 둘러싼 매크로 환경을 분석하기

08 PEST

4가지 환경을 기록해 영향을 분석

PEST란 4가지 환경의 앞 글자로 'Politics(정치)', 'Economy(경제)', 'Society(사회)', 'Technology(기술)'을 가리킨다. 이것은 자사가 영향을 주기 힘든 사회의 매크로 환경에 대해 분석하는 것을 말하며 특히 SWOT(p.36)의 '기회'와 '위협'을 구체적으로 분석할 때 쓰인다.

분석 방법은 먼저 각각의 요소에 대해 현재의 상황과 향후의 변화(트렌드)를 콘텍스트 맵 형식으로 적는다. 세로축에는 영향력, 가로축에는 불확실성을 기록해 2차원 맵 위에 배치해서 각 항목에 대해 어떻게 대처할지 경영 전략을 세운다.

이 프레임워크에서는 영향력이 크고 불확실성이 높은 트렌드를 찾아내는 것이 중요하다.

꼭 알아두기! ▷ **자사를 둘러싼 PEST**

Politics ··········· 정치   Economy ··········· 경제
Society ··········· 사회   Technology ········ 기술
Ecology(환경)을 더해 PESTE라고 하기도!

현상·미래 예측 세우기

자사의 현재 상황을 알아보거나 미래를 예측할 때, 정치·경제·
사회·기술의 외적 환경부터 분석하는 PEST 분석이 유효하다.

4가지 매크로 환경지표

정치
Politics

법률, 정책, 소비자확보
경향, 규칙 등

경제
Economy

경기변동, 경제성장,
환율·이자변동 등

사회
Society

종교·윤리관 붕괴,
인구동태, 여론, 교육 수준,
생활양식 등

기술
Technology

기술 진보, 특허유무,
인프라, 기술 향상,
대체기술 등

리스크 평가 맵에 반영

오른쪽 그림은 자사
전략을 생각할 때
필요한 리스크 평가
맵의 예이다.

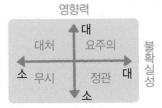

영향력

대

대처　　요주의

소　무시　　정관　대

소

불확실성

전략 수립 | 업계에 신규로 참여할지를 결정한다

09 5F

업계를 알면 기업 전략이 보인다

파이브 포스(5가지 힘)란 마이클 포터 교수가 제창한 업계 분석을 위한 프레임워크이다. 신규로 참여하려는 업계나 자사분석 전단계에서 해당 업계에 관한 분석을 하기 위해 사용한다. 자사가 과연 그 업계에 뛰어들어 경쟁에서 살아남기 위한 우위성을 만들 수 있을지, 기존의 타사가 어느 정도 경쟁력을 가지고 있는지에 대해 분석할 수 있는 것이 특징이다.

구체적으로 5가지 힘이란 ① 업계 내의 경쟁, ② 판매하는 쪽의 교섭력, ③ 구매하는 쪽의 교섭력, ④ 신규참여자의 위협, ⑤ 대체품의 위협을 가리키며, 이것을 타사·타사 제품과 비교, 검토한다.

참고로 개별적으로 분석할 경우는 5F가 아니라 '전략적 포지셔닝'(p.34)의 프레임워크를 사용한다.

꼭 알아두기! **5가지 'F'란?**

동종 타사와의 경합이 많은가?
구매처/고객 교섭력이 어느 정도인가?
신규참여/대체품의 위협이 많은가?

대상 분야(업계)의 현재 상태를 파악

전략을 결정하기 위해 업계 상황(우위관계)을
5가지 관점에서 분석한다.

5F(5가지 힘)란

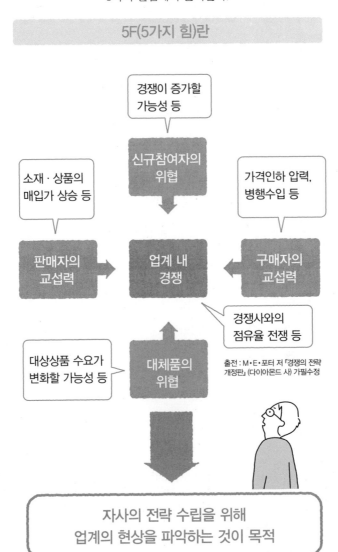

경쟁이 증가할
가능성 등

신규참여자의
위협

소재 · 상품의
매입가 상승 등

가격인하 압력,
병행수입 등

판매자의
교섭력

업계 내
경쟁

구매자의
교섭력

경쟁사와의
점유율 전쟁 등

대상상품 수요가
변화할 가능성 등

대체품의
위협

출전 : M・E・포터 저 『경쟁의 전략
개정판』 (다이아몬드 사) 가필수정

자사의 전략 수립을 위해
업계의 현상을 파악하는 것이 목적

전략 수립 | 자사가 경쟁해야 할 전장을 정하기 위한 방법

10 | 세그먼트화와 타깃팅

세분화하여 자사의 표적을 정하기

한정된 경영자원을 어느 시장에 어떻게 비즈니스로 투입할지를 결정할 때 쓰이는 것이 시장 세그먼트화와 타깃팅이라고 하는 사고법이다.

세그먼트화란 시장을 지리적(각 지역, 도시부와 교외), 심리적 요인(환경지향적, 건강지향적 등), 행동(초보, 헤비 유저 등), 인구동향(연대, 성별)과 같은 변동요소(세그먼테이션 변수)에 따라 나누는 것을 말한다. 그중 자사가 표적으로 할 만한 시장을 결정하는 것이 타깃팅이다. 이 두 가지는 타깃 선정에서 '시장규모(Realistic Scale)', '성장성(Rate of Growth)', '경합(Rival)', '우선순위(Rank)', '도달가능성(Reach)', '반응의 측정가능성(Response)'의 6가지 R이 기준이 된다. 시장의 매력(규모·성장성)과 경쟁 상황을 잘 살펴본 후에 시장을 선택하고, 타깃팅을 할 때는 자사의 경영 자원과 환경요인 등도 함께 고려해야 한다.

꼭 알아두기! **세그먼트화와 타깃팅 방법**

세그먼테이션 변수를 이용하여 시장을 세그먼트화(세분화)한 후, 6R을 사용하여 타깃 시장을 결정한다.

세그먼트화와 타깃팅

시장을 세분화하고 공략해야 할 층을 추려낸다.
전략 수립의 첫걸음이라고도 할 수 있다.

❶ 시장을 세분화(세그먼테이션)

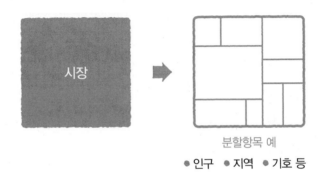

분할항목 예

● 인구 ● 지역 ● 기호 등

❷ 어디를 공략할지 결정(타깃팅)

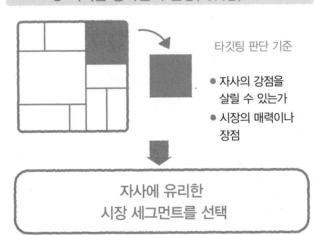

타깃팅 판단 기준

● 자사의 강점을
 살릴 수 있는가
● 시장의 매력이나
 장점

자사에 유리한
시장 세그먼트를 선택

전략 수립 │ 전쟁에서 비롯된 약자와 강자의 전략

11 │ 란체스터 법칙

국지전으로 나설까, 수로 밀어붙일까

란체스터 법칙이란 제1차 세계대전 당시 제창된 수리모델로 비즈니스에서도 응용가능한 프레임워크이다. 이 법칙에는 '수가 같다면 개인의 전력이 높은 자가 이긴다'라는 제1법칙과 '무기의 성능이 같다면 수가 많은 쪽이 이긴다'라고 하는 제2법칙이 있다.

또, 컨설턴트의 다오카 노부오 씨가 제창한 시장점유율 이론에서는 경쟁사와의 경쟁에서 자사의 우위성을 파악하는 것이 중요하며, 그 기준의 하나인 시장점유율이 73.9%를 넘으면 절대적으로 안전, 41.7%면 압도적으로 유리하다고 말한다. 중요한 것은 26.1%로 이것을 넘는 자가 승자가 되며, 그 이하의 경우는 시장점유율이 1위라 하더라도 승자라 보기 어렵다.

꼭 알아두기! │ 란체스터 법칙이란?

실제 전투를 분석하기 위한 수리모델.
약자의 전략 : 틈새시장 등 국지전으로 나설 것
강자의 전략 : 다수 대 소수의 구도를 만들 것

'강자 대 약자'의 기본전략

비즈니스에서 약자는 작은 승리를 여러 번 쌓아나가는 것이 좋고, 강자는 가지고 있는 큰 힘으로 상대를 밀어붙이는 것이 좋다. 자사에게 유리한 쪽으로 상황을 몰고 가는 것이 승리로 이어진다.

란체스터 법칙

제1법칙	제2법칙
작은 전장에서 전력을 집중	수량으로 상대를 압도

비즈니스 세계에도 통용

제1법칙

약자의 전략

국지전
틈새시장에서 승부

접근전
고객제일주의의 관계구축

일대일 승부
상대 기업을 명확히 하기

하나에만 집중
장점을 강화해서 돌파

교란전
상대를 혼란에 빠트리는 전략

전쟁

제2법칙

강자의 전략

광역전
전체시장 등 큼지막한 것을 공략

원격전
광고나 유통 등을 구사

확률전
많이 공격해서 그중 하나라도 맞히는 전략

종합전
자사 운영자산 전체를 활용

유도전
상대를 자사가 우위인 분야로 유인

자신에게 유리한 판에서 싸우는 것이 승리의 열쇠

전략 수립 | 경쟁에서 이기는 3가지 전략과 4가지 포지션

12 전략적 포지셔닝

자사의 포지션 파악하기

업계 내의 자사 포지션을 통해 기업 전략을 짤 때 쓰이는 프레임워크가 전략적 포지셔닝이다. 이것은 3가지 전략으로 구성된다. 첫 번째로 폭넓은 상품 구성과 높은 코스트 퍼포먼스로 시장을 점유하는 '코스트 리더십 전략', 두 번째로 상품과 서비스에 부가가치를 주어 경쟁사와의 차별화로 이익을 얻는 '차별화 전략', 그리고 마지막으로 특정 시장이나 고객, 상품에 경영자원을 집중하여 좁은 범위에서 독점적인 위치를 만들어가는 '집중 전략'이 있다.

이 전략을 시장 내의 포지션에 적용한 것이 오른쪽 그림의 4가지 포지션이다. 전략적 포지셔닝에서는 자사에 맞는 포지셔닝을 잘 파악하여 그에 알맞는 시책을 철저하게 시행하는 것이 중요하다.

꼭 알아두기! 〉 **경쟁을 위한 3가지 전략**

코스트리더십 전략 : 낮은 코스트로 우위를 점거
차별화 전략 : 상품에 부가가치를 부여
집중 전략 : 특정 시장 · 고객 · 상품에 집중

3가지 전략

타사와의 경쟁에서 승리하기 위한 3가지 전략을 이해하자.

		우위성	
		낮은 코스트	독자성
타깃	넓은	**①코스트 리더십 전략** 낮은 가격으로 시장 확보	**②차별화 전략** 고객이 인정하는 독자성으로 시장 확보
	좁은	**③집중 전략** 특정 타깃에 부가가치를 제공	
		압도적으로 낮은 가격 ⟵	⟶ 높은 독자성

출전 : M·E·포터 저 「전쟁의 전략 신정판」 (다이아몬드 사) 가필수정

4가지 포지션

자사가 업계에서 어느 위치에 있을지,
4가지 포지션으로 파악해보자.

	리더	챌린저	팔로워	니처
시장	대기업	2인자	중견	업계 하위
전략	전방위 전략	타사와의 차별화	유행에 따름	니치 전략
개발	적극적인 상품개발로 업계의 토대와 골격이라 할 수 있음	타사와 차별화된 상품을 제공	유행과 화제성을 중시한 상품개발	경쟁부분 상위업체가 손 대지 않은 분야에서 상품을 전개
생산	풍부한 경영자원을 활용한 낮은 코스트 생산	코스트가 다소 들더라도 퀄리티를 높임	가성비가 좋은 것을 세일즈 포인트로 함	소량생산이라도 확실한 이익을 확보
판매	방대한 자금력으로 유통을 장악	사업개탁을 하고 신규고객을 늘림	화제가 될 만한 부분을 모음	고객의 니즈에 답하고 일정 수익을 확보

전략 수립 | 기업분석의 고전적인 프레임워크

13 | SWOT

둘러싼 요소를 4가지로 나눠서 분류

SWOT란 알버트 험프리가 고안한 기업분석을 위한 프레임워크로 'Strengths(강점)', 'Weaknesses(약점)', 'Opportunities(기회)', 'Threats(위협)'의 앞글자를 딴 것이다. 이 4가지는 내부요인과 외부요인, 포지티브(이상적인)와 네거티브(이상적이지 않은)의 2축의 매트릭스로 나타낼 수 있다.

내부요인은 자사가 가진 인력, 자원, 자본(p. 38) 등의 자산이며, 외부요인은 거시적 환경이나 업계환경, 시장, 경합, 고객 등의 환경이다. 내부요인이면서 포지티브적인 요소와 강점, 외부요인이면서 네거티브적인 요소와 위협사항, 이런 형태로 분류하여 기업의 현재 상황 등을 파악한다. 또, 포지티브 · 네거티브는 관점에 따라 달라질 수 있으므로 주의가 필요하다.

꼭 알아두기! ▷ SWOT이란

강점과 약점 ········· 자사의 장점과 단점
기회 ····················· 외부요인 중에서 포지티브로 작용하는 부분
위협 ····················· 외부요인 중에서 네거티브로 작용하는 부분

강점과 약점 분석

자사의 강점과 약점을 파악하고, 경영전략에 반영한다.

강점 Strengths
▶ 고품질
▶ 점포수가 많음
▶ 대량생산의 능력

약점 Weaknesses
▶ 개발 스피드가 느림
▶ 적은 로트에 미대응

관점을 바꾸면
서로 바뀔 수 있음

기회 Opportunities
▶올림픽으로 고객추가
▶인지도 상승

위협 Threats
▶ 타사의 시장 참여가 용이함
▶ 원재료값 상승

상황이 바뀌면 서로 바뀔 수 있음

크로스 SWOT

강점과 약점, 기회와 위협 4가지 요소를 조합한다.

		내부환경	
		강점(S)	약점(W)
외부환경	기회(O)	**확대·공격의 좋은 기회** → 시장확대·매출증가를 예상한 생산량 증가	**약점 극복하기** → 약점에 대한 대응을 통해 틈새가 없는 체제를 확립
	위협(T)	**타사와 차별화하기** → 자사의 강점을 독자성으로 어필	**방위·철퇴하기** → 시장 유지 또는 출혈이 적을 때 철퇴

전략 수립 | 기업을 지탱하는 기본 경영자원

14 | 3M(인력/자원/자본)

최근에는 3M 이외의 것도 등장

3M이란 기업에 필요한 3가지 경영자원으로 '인력(Men)', '자원(Materials)' 그리고 이를 움직이는 데 필요한 '자본(Money)'을 말한다. 이 중 가장 중요한 것은 자원이나 자본을 활용할 수 있는지를 좌우하는 인력이다. 하지만 경영자원은 어느 것 하나라도 빠지면 성립할 수 없으므로 무엇 하나 부족하지 않게 조절해야 한다.

최근에는 3M 이외에 비즈니스에 필요한 데이터나 지식을 의미하는 '정보'가 중요하다는 주장과, 빠른 현대의 비즈니스에서는 '시간'도 중요한 자원이라는 주장도 등장하고 있다. 또, '지혜'나 사람과의 '관계성'과 같은 사회관계 자본을 경영자원이라고 보는 주장도 나오고 있다.

꼭 알아두기! 〉 **기업에서 중요한 경영자원**

인력 ·············· 노동력이나 인재 각각의 능력
자원 ·············· 토지건물이나 설비, 재료, 상품
자본 ·············· 자금 · 자산과 자금조달능력

3M이란

3M은 기업에 필요한 인력·자원·자본의 3가지 자원을 말한다.

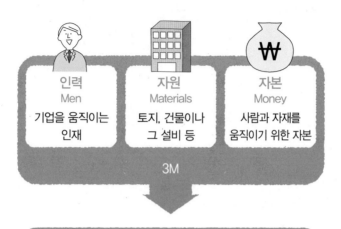

인력 Men	자원 Materials	자본 Money
기업을 움직이는 인재	토지, 건물이나 그 설비 등	사람과 자재를 움직이기 위한 자본

3M

기업이 필요로 하는 경영자원의 기본

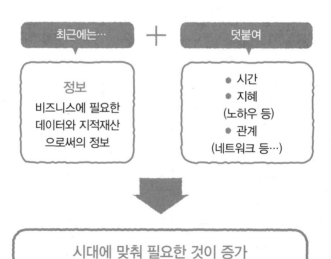

최근에는… + 덧붙여

정보
비즈니스에 필요한
데이터와 지적재산
으로써의 정보

- 시간
- 지혜
(노하우 등)
- 관계
(네트워크 등…)

시대에 맞춰 필요한 것이 증가

전략 수립   자사가 가진 경영자원을 정확하게 평가하기

15 | VRIO

자원을 분석하기 위한 4가지 평가 축

제이·B·버니가 고안한 VRIO는 조직이 가진 경영자원과 그 활용능력을 분석하기 위한 프레임워크이다. 리소스 베이스드 뷰(RBV)라는 사고에 바탕을 둔 것으로 기업이 가진 자원 중에서 가치가 있는 것을 평가하는 방법이다.

VRIO는 평가 축의 앞글자를 딴 것인데, '경제가치(Value)', '희소성(Rarity)', '모방(Imitability)', '조직(Organization)'의 4가지를 나타낸다.

이 VRIO를 통해 보유자산으로 기회를 잡거나 위협요소를 제거할 수 있는지, 보유자산을 가진 경쟁이 적을지, 보유하지 않은 자원을 얻을 때 코스트나 불이익이 생기지는 않는지, 이 자원을 활용하기 위한 조직체제나 구조는 정비되어 있는지를 평가한다.

VRIO를 만족하는 기업이라면, 보유자원을 활용하여 꾸준히 경쟁에서 우위를 지킬 수 있다. 또, VRIO는 가치사슬(p. 46)이나 7S(p. 166)와 조합하여 더 효과적으로 활용할 수도 있다.

꼭 알아두기! **경영자원을 활용하는 VRIO**

외부 기회를 활용·위협을 배제하는 경제가치와 타사에는 없는 모방하기 힘든 희소성·모방곤란성, 자원을 활용하는 조직으로 이루어진다.

VRIO란

기업 내의 경영자원과 활용능력을 분석하는 것이다.

기업가치
Value

- 기회에 알맞게 팔릴만한 상품인가?
- 신규기업에 지지 않을 매력을 가지고 있는가?

희소성
Rarity

- 유사상품을 만들어내는 기업이 많지는 않은가?
- 소수의 기업이 시장을 점유하고 있는가?

모방
Imitability

- 신규로 시장에 참여하기 쉬운 상품인가?
- 타사가 흉내 내기 어려운 독창성이 있는가?

조직
Organization

- 효율적인 상품판매를 할 수 있는 구조인가?
- 상품을 살릴 수 있는 조직 · 환경이 있는가?

출전: 제이· B· 버니 저 『기획전략론(상) 기본편/경쟁우위의 구조와 지속』
(다이아몬드사) 가필, 수정

질문의 형태에 ○ △ X로 평가할 수 있다.

상품 판매 전략 유효성·실현성을
명확히 할 수 있다

전략 수립 | 신규로 시장에 참여하는 사업은 어느 것으로 해야 하는가

16 매력도 / 우위성 구축 가능성 매트릭스

개개의 사업을 매트릭스 위에서 비교

매력도 / 우위성 구축 가능성 매트릭스는 여러 개의 사업 사이에서 우선순위와 투자수준을 결정할 때 사용한다. 세로축에는 시장이나 사업의 매력도, 가로축에는 그 사업으로 우위를 차지할 수 있는지를 나타내는 우위성 구축 가능성을 두고 검토하고자 하는 사업이 어디에 속하는지를 표시한다.

세로축의 매력도는 시장규모나 성장성, 이익을 얻기 쉬운지 등으로 산출하고, 가로축의 우위성 구축 가능성은 KSF 분석 등으로 시장에서 높은 경쟁력을 얻을 수 있는지를 산출한다.

이 매트릭스에서 양쪽이 다 높은 사업은 '최우선'으로 진행해야 할 시장이다. 양쪽 모두가 평범하거나, 한쪽만 높으면 '다음으로 우선'해야 할 사업으로 봐야 한다. 현실적으로 '최우선' 사업은 어려움이 많으며, 주로 이 분석은 '다음으로 우선'해야 할 사업의 어느 요소를 성장시킬지를 측정하기 위해 사용되는 경향이 있다.

> **꼭 알아두기!** **신규사업은 2가지 요소로 평가**
>
> 매력도 : 이 시장이 어느 정도 이익을 낼 수 있을까?
> 우위성 구축 가능성 : 이 시장에서 자사가 우위를 차지할 수 있을까?

사업의 우선도를 측정

복수의 사업을 진행할 때, 어느 것을 우선해야 할지
구체적으로 분석하기 위한 매트릭스이다.

신규사업의 유망성 평가축

① 매력도

시장의 규모·장래성
수익 창출 여부

② 우위성

이 분야에서 타사보다
우위를 세울 수 있을까

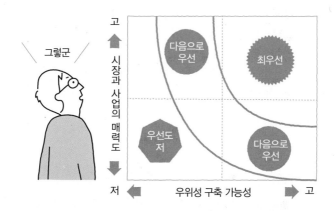

'최우선'이 없는 경우는
'다음으로 우선'을 성장시킨다.

정확한 분석으로
비즈니스의 기회를 잡는다

전략 수립 | 어떤 사업에 힘을 실어야 할지를 간파하기

17 | PPM

성장률과 시장점유율을 분석하기

PPM(프로젝트·포트폴리오·매니지먼트)이란 각각의 사업에 어느 정도 투자할지를 검토하기 위한 프레임워크이다. 포트폴리오란 투자대상의 일람표를 의미하는데, 그것을 분석하기 위해 쓰이는 방법이라고 보면 된다.

평가에는 시장성장률과 상대시장점유율을 평가한 2차원 맵을 사용한다. 시장성장률도 시장점유율도 높은 것은 '스타' 사업이라고 하는데, 투자액도 크므로 이 사업은 지속적인 투자를 통해 시장성장률이 낮고, 점유율이 높은 '캐시카우' 사업으로 변환해 나가는 것이 이상적이다.

반면, 성장률이 높고 점유율이 낮은 것은 '물음표' 사업으로 시장점유율 확대를 위한 투자가 필요하지만, 성장률에 따라서는 철수도 시야에 넣어 생각해야 한다. 성장률도 낮은 사업은 '싸움에 진 개'로 조기에 철수하는 것이 현명하다.

> **꼭 알아두기!** > **PPM으로 투자처 선택**
>
> 시장 성숙도가 낮으면 점유율이 낮더라도 투자에 의한 리턴을 기대할 수 있다. 성숙한 시장에서 시장점유율을 얻기는 어렵다.

이처럼 기업이 떠안고 있는 각각의 사업에 대해 분석하고, 선택과 집중을 꾀하기 위해 사용하는 것이 PPM이다.

사업이나 상품의 포지션을 명확히 함

사내에서 기획하고 있는 몇 가지 사업 중에서 어떤 사업을
우선해야 할지 검토할 때 사용한다.

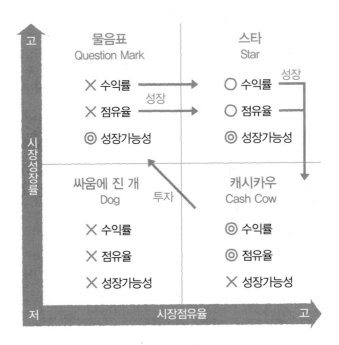

캐시카우 분야의 수익을 투자로 돌리고
물음표 → 스타 → 캐시카우 순으로 키운다

전략 수립 | 사업이 창출하는 가치의 연쇄를 분석하기

18 | 가치사슬

주 활동과 지원활동으로 나누기

사업전략이 어떻게 가치를 창출하는지 분석하고, 그 유효성과 문제점을 발견하기 위한 프레임워크가 가치사슬이다. 사슬은 '연쇄'를 뜻하는데, 기업은 말 그대로 '활동의 연쇄'를 통해 고객에게 '가치'를 창출한다.

구매, 제조, 물류, 판매, 서비스와 같이 직접적으로 가치를 창출하는 작업을 '주 활동'이라고 하며, 이것을 지지하기 위한 활동을 '지원활동'이라고 한다. 지원활동은 경영관리, 인사관리, 연구개발, 조달 등이 있으며, 이러한 활동이 주 활동을 지지하고, 주 활동은 연쇄적으로 가치를 창출한다. 기업 전체를 개별 활동으로 분해하여 각각이 창출하는 가치와 비용을 쉽게 알아볼 수 있는 특징이 있다.

가치사슬로 분석하면 고객에게 큰 가치를 주는 활동은 강화·유지하고, 연쇄를 방해하는 보틀넥(p. 96)은 개선해야 한다는 판단을 하게 된다.

꼭 알아두기! **가치사슬에 의한 사업 분석**

주 활동의 사슬 : 구매(매입) → 제조(가공) → 물류(출하) → 판매(영업) → 서비스
지원활동 : 주 활동을 지지하기 위한 활동

또, 타사와 연계하거나 아웃소싱을 하는 쪽이 효율적인 활동 등도 이 프레임워크를 통해 알 수 있다.

가치사슬을 그림으로 표현하기

가치 창출 방법, 효과적이고 가치 있는
프로세스 분석을 한다.

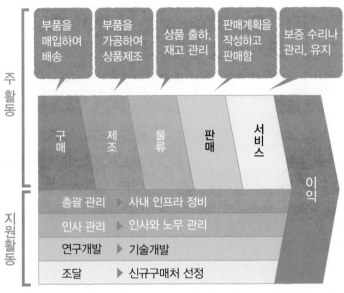

주 활동

부품을 매입하여 배송

부품을 가공하여 상품제조

상품 출하, 재고 관리

판매계획을 작성하고 판매함

보증 수리나 관리, 유지

구매 제조 물류 판매 서비스

이익

지원활동

총괄 관리 ▶ 사내 인프라 정비

인사 관리 ▶ 인사와 노무 관리

연구개발 ▶ 기술개발

조달 ▶ 신규구매처 선정

출전 : M·E·포터, 『경쟁우위전략』 (다이아몬드사) 가필수정

지원활동이 주 활동을 지지하고,
이익을 창출한다

전략 수립 | 자사가 목표로 하는 사업의 성장전략 분석하기

19 | 앤소프 성장 매트릭스

시장과 제품에 주목하기

경영학자 이고르 앤소프가 제시한 이 프레임워크는 사업 확대 매트릭스라고도 불리며, 기업의 사업 성장전략을 수립할 때 쓰인다.

이 매트릭스는 '시장(고객)'과 '제품(기술·서비스)'을 '기존'과 '신규' 2가지로 각각 분류한다. 기존의 시장과 제품의 조합에서는 점유율을 늘릴 전략을 세운다. 그리고 기존 제품으로 신규시장을 개발할 것인지 기존 시장에서 새로운 제품을 개발할 것인지를 선택하여, '기존', '신규'의 시너지(상승효과)를 창출한다. 신제품으로 신규시장을 개척하는 사업 확대는 잘 되면 사업을 크게 확대할 수 있지만, 리스크도 그만큼 높다. 하지만 이 매트릭스는 어느 방법이 좋은지를 알고자 하는 것이 아니라는 점에서 주의가 필요하다.

꼭 알아두기! **앤소프 성장 매트릭스**

신규 시장과 기존 시장, 신제품과 기존 제품의 조합으로 만든 매트릭스로 신규 시장과 신제품에 의한 다각화를 잘 이뤄내는 것이 목적이다.

시너지(상승효과)를 활용하기

사업 활동에서 시장과 서비스를 생각할 때, 지금까지의 계획과
새롭게 시도하고자 하는 계획을 조합하여 전략을 세워 나간다.

● 시너지를 살려 사업 키우기

제품(사업·기술·서비스)	
기존	**신규**
시장침투 현재보다 점유율 늘리기	다각화 기존 고객을 상대로 새로운 제품 출시
신시장 개발 새로운 고객과 지역을 상대로 출시	신규개발 신제품을 새로운 고객·지역에 출시
기존	신규
제품(사업·기술·서비스)	

(좌측 세로: 시장(고객) — 기존 / 신규)

기존×기존을 바탕으로
어떤 전개가 가능할지 고찰한다

다각화의 4방향

수평 지금 사업으로 범위를 확장	수직 지금 사업을 기반으로 신규분야로 확장
집중 우위성을 전혀 다른 분야에서 전개	집성 전혀 관계 없는 분야에 새롭게 진출

전략 수립 | 동시에 의사결정을 해야 할 때 선택해야 할 전략

20 게임 이론

표 위에 각자의 이익을 나열하기

게임 표 분석이란 경기자가 상대의 다음 행동을 모르는 상황에서 동시에 의사결정을 하는 '동시진행 게임'일 때 쓰이는 프레임워크이다.

분석할 때는 다음 그림과 같이 2명이 낼 수 있는 의사결정을 모두 나열하고 결정내용에 따라 어떤 이익을 얻을 수 있을지를 생각해 의사결정에 따른 이익을 명확하게 한다.

게임이론에서 경기자는 합리적인 선택을 하는 것이 전제이므로 서로가 이익을 최대화하기 위해 움직일 거라 예상하지만, 게임 표 분석을 어떻게 파악하고 선택하느냐에 따라 결과가 달라지기도 한다. 대표적인 예로 '죄수의 딜레마'가 있다. 죄수의 딜레마는 '합리적인 판단을 상대가 하지 않을지도 몰라'라고 의심하여, 자신의 이익만을 고려한 선택이 결국 자신뿐 아니라 상대에게도 안 좋은 이익을 가져와 결과적으로 가장 비합리적인 선택을 하는 것을 가리킨다.

> **꼭 알아두기!** ▶ 게임 표 분석
>
> 서로가 동시에 의사결정을 하는 경우, 모든 조합을 망라하여 이익을 최대화할 수 있는(가장 합리적인) 선택지를 고르는 방법이다.

일어날 수 있는 모든 패턴을 분석하기

모든 상황을 상정해야 할 필요가 있는 전략 수립 시에는 상대가
어떻게 움직일까를 예측하는 분석이 효과적이다.

의사결정이 동시에 일어나는 게임 표 분석

Y 씨

S 씨

서로 합의를 지킬 경우	Y씨가 합의를 깰 경우
이익	이익
S 씨 : Y 씨 = 50 : 50	S 씨 : Y 씨 = 10 : 90
S씨가 합의를 깰 경우	서로 합의를 깰 경우
이익	이익
S 씨 : Y 씨 = 90 : 10	S 씨 : Y 씨 = 20 : 20

게임 이론의 어려움

합리적인 사고가 전제이므로 감정에 좌우되기도 한다.

예 죄수의
딜레마

협력하면 전원이 이익을 얻지만
개인적인 이익이 보이면
협력을 그만둬버림

서로 합리적이라면 양쪽에게 이익이
발생하지만, 현실적으로는 그러기 어렵다

전략 수립　상호간에 의사결정을 할 때 선택해야 할 전략

21 게임 트리 분석

상대의 결정을 보고 의사결정하기

게임 트리 분석이란 장기나 바둑처럼 서로 행동 결정을 주고받는 게임에서 선택할 수 있는 선택지를 마디 형태로 정리하여 다음을 예측하고 최선의 선택지를 고르는 프레임워크이다. 교섭 등 타사의 행동에 어떤 반응을 하면 좋을지 이런 반복된 상황에서 활용 가능한 방법이다.

게임 트리 분석에서 중요한 것은 '각각의 선택지를 골랐을 때 서로의 이득을 나타낼 것'과 '이익을 최대화할 수 있도록 각 플레이어가 합리적인 선택을 한다는 것' 이 두 가지이다. 이 경우는 최종적인 이익에서부터 역계산해서 나의 행동을 정하거나 상대 행동을 예측한다. 잘 예측하면 상대의 허를 찔러 이익을 얻을 수도 있다.

> **꼭 알아두기!** **게임 트리 분석**
>
> 상대가 결정한 다음에 나의 의사를 밝히는 상호 간 의사결정 상황에서 마디 끝에 이익을 표시하는 게임 트리 분석으로 서로의 선택지를 좁혀 나갈 수 있다.

상호진행 게임(흥정)

한쪽으로부터의 제안 등 서로 행동을 결정해야 할 경우,
상호 간에 어느 만큼의 이익이 생길지 검토해 나간다.

게임 트리 분석

예　제안이 있는 경우

서로 이웃한 임대인이 월세를 올리자고 교섭

➡ 제안을 거절해도 보복은 없을 거라고 예측할 수 있음

예　2가지 제안이 있는 경우

근접한 음식점 오너가 와인값 인상을 교섭

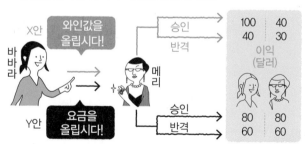

➡ 아무리 생각해도 메리는 승인할 수밖에 없음

전개를 분석하면 유리한 조건으로 흥정할 수 있다

전략 수립   재무 이외의 기업경영 시점 넓히기

22 | 밸런스 스코어 카드 (BSC)

밀접한 관계가 있는 4가지 시점

기업 경영을 '재무', '고객', '업무 프로세스', '학습과 성장'의 4가지 시점에서 평가하고 서로의 균형을 생각하여 전략 실행과 업적평가를 하는 프레임워크이다. 로버트·S·카플란과 데이비드·P·노턴이 공동으로 제시하였다. 4가지를 각각 달성하기 위해 필요한 '핵심 성공 요인(Key Factor for Success : KFS)'을 정하고 그것을 수치적, 정량적인 목표로 나타낸 다음, 어느 정도 달성했는지를 알아볼 수 있는 평가지표를 설정한다. 4가지 시점은 서로 강한 관련이 있으며 원인과 결과의 상호관계이므로 매일의 행동이 큰 목표 실현에 어떻게 영향을 주는지, 목표실현을 위해 어떻게 움직여야 하는지 알기 쉽게 해준다.

이 4가지 시점을 시간 순으로 나열하면 학습과 성장 → 업무 프로세스 → 고객 → 재무 순이다.

꼭 알아두기! **BSC의 4가지 시점**

4가지 시점 ··· 재무, 고객, 업무 프로세스, 학습과 성장
KFS ··· Key Factor for Success(핵심 성공 요인)

목표 달성을 위한 시점

전략을 생각할 때는 재무적(매상)인 목표뿐 아니라 기업 경영에
필요한 다른 시점도 고려해야 한다.

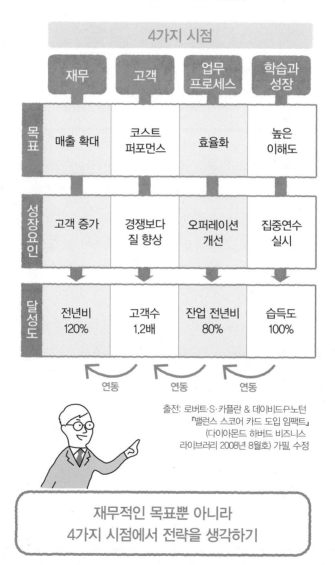

4가지 시점

	재무	고객	업무 프로세스	학습과 성장
목표	매출 확대	코스트 퍼포먼스	효율화	높은 이해도
성장요인	고객 증가	경쟁보다 질 향상	오퍼레이션 개선	집중연수 실시
달성도	전년비 120%	고객수 1.2배	잔업 전년비 80%	습득도 100%

연동 　 연동 　 연동

출전: 로버트·S·카플란 & 데이비드·P·노턴
『밸런스 스코어 카드 도입 임팩트』
(다이아몬드 하버드 비즈니스
라이브러리 2008년 8월호) 가필, 수정

재무적인 목표뿐 아니라
4가지 시점에서 전략을 생각하기

AI 실업시대란?

AI 실업은 '금융' '운송'에서 시작된다

　AI(인공지능)의 발달로 많은 직업이 가까운 미래에 사라질 거라는 이야기를 갑자기 믿기는 쉽지 않다. 하지만 AI는 지금까지 상식을 뛰어넘는 속도로 계속 진화하고 있으며, 그 속도가 떨어질 리도 없다. 20년 후에는 'AI 실업' 시대가 올 거라는 논문도 옥스퍼드 대학의 마이클·A·오스본 준교수가 이미 발표하였다.

　AI 실업은 갑자기 오는 것이 아니라, 현재도 그 예후를 찾아볼 수 있다. 자율주행차 개발이 진행되고, 주식 예상 등에도 AI가 이용되기 시작했으며, 특히 이 2가지와 관련이 깊은 운송업계와 금융업계는 AI가 운송과 사무처리가 가능해지면 인건비를 큰 폭으로 삭감할 수 있으므로, 최초로 도입할 것으로 전망하고 있다.

제 2 장

마케팅
프레임워크

기업이 이익을 얻기 위해 빼놓을 수 없는 것이 바로 마케팅이다. 매출을 올리거나 새로운 시장에 뛰어들기 위해서는 상품을 파는 데 필요한 요소를 찾아주는 프레임워크 사용법을 익혀두는 것이 좋다.

마케팅 | 중복 없이, 누락 없이(겹치지 않고 빠지지 않고)

01 | MECE

현재 상황을 파악하기 위해서는 먼저 잘 분할하는 것부터!

어떤 것을 분석할 때 가장 처음으로 하는 일은 대상을 구성하고 있는 요소를 나누는 작업이다. 목적에 맞게 적절한 요소로 나누는 것은 구체적인 현상파악을 할 때나 프레임워크에 적용할 때 필수 항목이다.

효과적으로 요소를 분석하기 위해 중요한 것이 'MECE(Mutually Exclusive, Collectively Exhaustive)'라고 하는 사고이다. '중복 없이, 누락 없이'라는 의미로, 유명한 프레임워크의 대다수가 이 사고를 베이스로 할 만큼 응용력이 높은 사고방식이다.

2가지는 이어서 연달아 표기하는 일이 많지만, 사실 '누락 없이'가 더 중요하다. 중복되는 것은 나중에 뺄 수 있지만, 한 번 누락된 것은 그대로 알아채기 어려운 경우가 많기 때문이다.

꼭 알아두기! ▷ **중복 없이! 누락 없이! (겹치지 않게 빠짐없이)**

요소를 나눌 때는 목적에 맞게 항목을 고르자!
MECE는 Mutually Exclusive Collectively Exhaustive의 약자이다.
많은 프레임워크의 기본! 최적의 단면은 배경에 따라 변화한다.

분석의 기본 분할방법

분석할 때 가장 처음으로 하는 것이 대상의 분류다. 대상집단을 누락없이 겹치지 않게 분해하는 것이 중요하다.

분석

분석대상

누락 없이 중복 없이

MECE

모든 대상자가 포함된 분류

정사원 | 비정규직 | 아르바이트

누락 없이 중복 있음

모든 대상자를 포함하지만, 중복되는 것이 있음

결혼 | 이혼 | 미혼
아이 있음
└ 중복

누락 있고 중복 없음

대상자의 일부가 항목에 포함이 안됨

성인 남성　성인 여성
└ 누락

누락 있고 중복 있음

일부만 항목에 포함되고 겹치는 부분이 있음

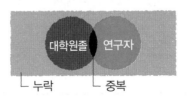
대학원졸　연구자
└ 누락　└ 중복

마케팅 　 2×2 = 4, 사분면으로 나누기

02 매트릭스

2개의 축에 구하고자 하는 요소의 정도를 기입

사물을 구조적으로 파악하기 위해서는 매트릭스를 이용한 분석이 효과적이다. 여기에는 가로와 세로 두 축으로 나눠지는 테이블형과 포지셔닝 맵형의 2가지 종류가 있다.

테이블형은 정성적인 측면의 분석에 잘 쓰이는 것으로 '장·단점', '중요도의 정도' 등을 축으로 하는 예가 일반적이지만, 케이스에 따라 3×3=9로 나누는 경우도 있다.

포지셔닝 맵형은 4분할된 축 안에 정도의 차이가 있는 경우를 다룰 때 적합하다. 구체적인 수치로 위치를 특정 짓는 경우와 '어느 정도'라는 정도에 대해서도 구상할 수 있다는 것이 특징이다. 이것은 어디에 중심점을 두느냐가 중요하며 분석 목적에 맞춰 적절한 설정이 필요하다.

꼭 알아두기! 〉 '매트릭스'로 경향과 방향성을 판별하자

2×2로 시각적·직감적으로 표현하기
포지셔닝 맵의 핵심은 중심점을 놓는 위치
성질과 정도를 정리해서 비교하기

사물을 두 축으로 나눠서 분석하기

프레임워크에서도 대상을 분석할 때 가장 많이 쓰이는 방법이다.
얻고자 하는 결과에 따라 2가지 타입으로 나눌 수 있다.

테이블형

대상을 확실히 나누고 싶을 때 사용한다.

예
가로축 = 장점 / 단점
세로축 = 중요 / 중요하지 않음

	장점	단점	
	중요하면서 장점도 큼	중요하지만 리스크가 있음	중요
	중요하지는 않지만 이익은 있음	리스크도 크고 이득도 없음	중요하지 않음

포지셔닝 맵형

A~D 현상을 시각적으로 살펴볼 수 있다.
동그라미의 크기를 규모로 보면 우선으로 할 것이
무엇인지 알아보기 쉽다.

예
가로 = 인기 / 비인기
세로 = 비싼 / 싼

많은 프레임워크의
기본이 되는 분석방법

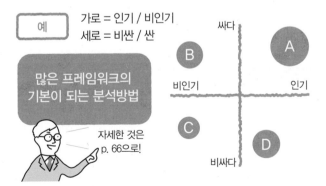

자세한 것은
p. 66으로!

마케팅 | 마케팅을 입체적으로 생각하기

03 | STP

독자성을 끌어내기 쉬운 순서

STP는 주위의 상황 분석과 적절한 목표 설정, 자사의 위치를 명확하게 하고 전략을 세우기 위해 필요한 프레임워크이다.

먼저, 고객과 그 특성에 따른 시장을 파악하여 세분화하고(세그먼트화/p.30), 표적을 명확하게 한다(타깃팅/p.30). 그리고 자사의 독자성을 강조할 수 있는 위치를 정한다(포지셔닝). 위치를 먼저 정하고 거슬러 올라가는 형태로 필요한 항목을 끌어낼 수도 있는 편리한 프레임워크이다.

또한, 어떤 '단면'에서 정보를 다루는지가 이 분석의 독자성으로 나타나기 때문에 보는 면이 달라지면 새로운 결과가 나오는 것이 특징이다. 처음 보고자 했던 요인으로 얻고자 하는 정보가 나오지 않더라도 다른 단면에서 바라보면 새로운 전략을 세울 수 있는 심플하지만 강력한 분석 방법이다.

꼭 알아두기! 〉 **'STP'란 의사결정의 기본 프로세스**

Segmentation(시장구조 파악) ············ 필드 파악하기
Targeting(표적 설정) ······················ 조준하기
Positioning(자사의 위치설정) ············ 각도 정하기

포지셔닝 플랜 작전

마케팅은 시장을 어떻게 포착할지를 결정, 표적 설정, 자사의
위치 파악의 관점에서 계획을 추진해 나간다.

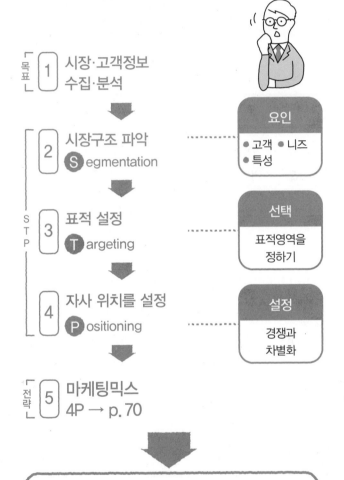

목표 ┌ 1 시장·고객정보
      └   수집·분석

S
T
P

2 시장구조 파악
  Segmentation

요인
● 고객 ● 니즈
● 특성

3 표적 설정
  Targeting

선택
표적영역을
정하기

4 자사 위치를 설정
  Positioning

설정
경쟁과
차별화

전략 ┌ 5 마케팅믹스
      └   4P → p. 70

정보의 단면(축)을 어디에 두는 지에 따라
유리한 포지션을 찾아낼 수 있다

마케팅 │ 브랜드 가치를 입체적으로 생각하기

04 브랜드 자산가치 (에쿼티)

브랜드 자산가치를 4개의 요소로 측정하기

중요한 자산인 '브랜드'를 유지하고 조절해나가는 것은 기업가치를 높이는 유효한 수단이다. 그 자산가치는 다음의 4요소로 성립된다.

① 브랜드 인지 : '어떻게', '어느 정도' 알려져 있나. 사람은 이미 알려져 있는 것을 좋아한다.

② 지각품질 : 고객에게 '지각'되어 있는 품질과 우위성. 실제 품질이 아니라 고객이 생각하는 품질 이미지이다.

③ 브랜드 로열티 : 고객이 갖는 집착, 충성심. 이것이 높은 고객이 팬이 된다.

④ 브랜드 연상 : 고객이 그 브랜드를 연상하는 모든 것. 브랜드 컬러, 광고 모델도 긍정적으로 강한 연상을 고객에게 새겨주는 효과를 노린 것이다.

분석 결과 4요소의 밸런스가 무너진 경우에는 바로 대책을 세워야 한다.

꼭 알아두기! ▶ **브랜드 자산가치는 4가지 요소로 그려낼 수 있다**

4가지 요소 ·········· 브랜드 가치의 축
브랜드는 '신뢰', '신용', '실적'의 총 합

브랜드 자산가치

브랜드가 가지고 있는 '브랜드 인지', '지각품질', '브랜드 로열티', '브랜드 연상'의 4요소를 브랜드 자산가치로 본다.

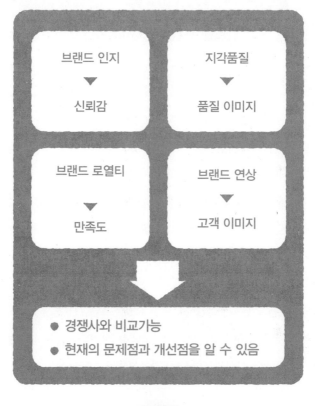

브랜드 인지
▼
신뢰감

지각품질
▼
품질 이미지

브랜드 로열티
▼
만족도

브랜드 연상
▼
고객 이미지

● 경쟁사와 비교가능
● 현재의 문제점과 개선점을 알 수 있음

자사의 강점과 타사와의 차별화 포인트를
마케팅에 활용할 수 있다

마케팅 ┃ 독자적인 포지션 찾기

05 포지셔닝 맵

자사에 유리한 평가축으로 이길 기회 노리기

기존 경쟁사의 개요를 파악하고 자사의 강점을 보여 줄 때 필요한 것이 포지셔닝 맵이다. 전략적으로 어느 부분을 캐치하면 좋을지 한 눈에 알아볼 수 있는 것이 특징이다.

먼저, 타깃이 되는 고객과 서비스를 고를 때 중요시하는 항목을 2가지 고르고, 그것을 축으로 경쟁사의 위치를 매트릭스에 정해 놓는다. 축은 서로 독립적인 것을 설정하는 것이 중요하며, 성능과 가격과 같은 관련성이 높은 항목에서는 당연한 결과밖에 얻지 못하므로 어떤 항목을 고르느냐도 중요하다.

경쟁사 정보를 매트릭스에 넣고, 도표 위에 '블루오션(경쟁사가 없는 스페이스)'에서 자사의 강점이 없을지 검토한다. 그 영역에서 승산이 있을 법한 상품을 투입할 수 있다면 경쟁사를 이길 가능성도 커진다.

꼭 알아두기! ┃ '사고 싶어!'를 이끌어내는 방법 모색

소구 포인트 ····	고객에게 전하고 싶은 자사의 강점
레드오션 ········	피로 피를 씻는 격전구역
블루오션 ········	경쟁상대가 없는 유망한 시장

유리한 위치를 찾아내기

자사가 경쟁하고 있는 분야에서 자사와 타사의 위치와
존재감을 파악하기 위해 포지셔닝 맵을 활용해 보자.

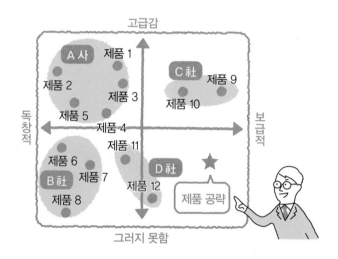

시장의 경쟁상태 알기

시장의 상황은 레드오션과 블루오션으로 나눌 수 있다.

마케팅 | 줄이고, 늘리고, 흉내내기

06 전략 캔버스

블루오션을 위한 4요소

전략 캔버스는 유럽경영대학원 W·찬·킴 교수가 제장한 경쟁이 없는 시장 '블루오션'을 찾기 위한 툴이다. 고객에게 중요한 가치요인을 끌어내고, 자사나 경쟁이 어느 정도 조건을 만족시키고 있는가를 파악하는 것부터 시작한다.

그 다음에는 고객 입장에서 봤을 때 코스트 퍼포먼스가 높고 독특하며 가치가 있는 포지션을 만들기 위해 다음 4가지 액션을 적절하게 조합해서 실행한다.

① 제거하기 ··· 원래 불필요했거나, 가치가 없는 것을 생략하기

② 크게 줄이기 ··· 경쟁을 신경 쓰지 말고 적정치까지 줄이기

③ 크게 늘리기 ··· 고객의 불편, 불만족을 해소하기

④ 창조하기 ··· 새로운 가치 부여, 수요를 창출하기

특히, ①과 ④ 2가지는 새로운 차별화축을 늘리고, 새로운 가치를 탄생시켜 새로운 시장 발견으로 이어진다.

꼭 알아두기! **블루오션을 위한 4요소, 4액션**

4요소 ······ 무의미화, 신수요, 가성비, 독자성
4액션 ······ 제거하기, 크게 줄이기, 크게 늘리기, 창조하기

전략 캔버스로 시장을 선택하기

이미 경쟁이 시작된 시장에서도 경쟁에 힘을 실지 않은
부분이 보이면 잠입 기회이다.

전략 캔버스 사례(옐로우 테일)

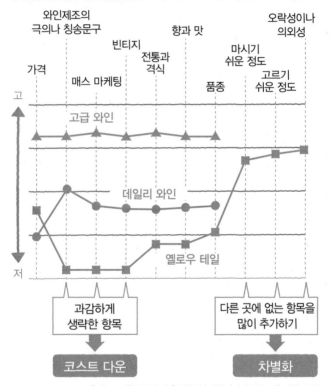

출전 : W·찬·킴 외 저 『블루오션 전략』(다이아몬드사) 가필, 수정

타사와 차별화가 가능한 포인트를 찾아
자사의 강점을 살린 전략 세우기

마케팅 | 팔리는 구조는 4가지 'P'부터

07 4P

판매자 시점을 4P로 정리

4P란 마케팅의 기본이 되는 중요한 4요소를 말한다. '제품(Product)', '가격(Price)', '유통(Place)', '판촉(Promotion)' 이 4가지를 가리킨다. 기능과 성능, 디자인 등 제품 자체의 매력, 가격, 판매지역, PR이나 평판 등의 판촉이 적절하게 조합되어 있는지 등을 분석할 때 사용하는 사고방법이다. 문제가 생기면 어떤 요소가 원인인지 찾을 때도 기본적으로 사용한다.

이 4P는 판매자 측에서 통제할 수 있는 요소이다. 고객의 '가치(Customer Value)', '가격(Customer Cost)', '편리성(Convenience)', '의사소통(Communications)'이라는 4C와 대응하기도 한다. 고객의 니즈로 볼 수 있는 4C와의 균형이 얼마나 잘 잡혀 있는지 측정하는 것도 분석에서는 반드시 필요하다.

꼭 알아두기! ▷ 4가지 'P' 분석

Product(제품), Price(가격), Place(유통), Promotion(판촉)
→시책이 4C와 잘 연계되고 있는지가 관건

마케팅의 기본 4요소 4P

마케팅에서 기본은 4P, 즉 Product · Price · Place · Promotion 으로 구성된다.

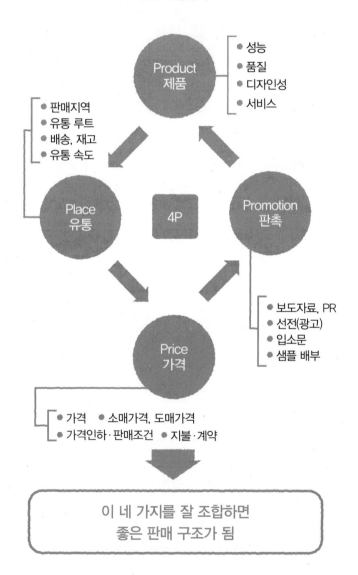

Product 제품
- 성능
- 품질
- 디자인성
- 서비스

Place 유통
- 판매지역
- 유통 루트
- 배송, 재고
- 유통 속도

4P

Promotion 판촉
- 보도자료, PR
- 선전(광고)
- 입소문
- 샘플 배부

Price 가격
- 가격 • 소매가격, 도매가격
- 가격인하 · 판매조건 • 지불 · 계약

이 네 가지를 잘 조합하면
좋은 판매 구조가 됨

마케팅 | 여러 상황에 다 적용해 볼 수 있는 80 - 20 법칙

08 | 파레토 법칙

상위 2할이 전체의 8할을 점유

'여러 영역에서 상위 20%가 전체의 80%를 채우는 현상'을 발견한 빌프레도 파레토의 이름을 따서 '파레토 법칙'이라고 부르는 프레임워크이다. 비즈니스에도 적용할 수 있는 것으로 매상이 많은 상위 20% 상품이 전체 매상의 80%를 채우는 경향이 나타났다. 비즈니스에서는 상위 상품을 팔기 위한 활동을 중시하는 것이 매출증가와 이어진다고 보고 있다.

이것은 문제와 원인에 대한 분석에서도 사용할 수 있는 프레임워크이다. 문제의 주 원인(20%)을 간구하여 효과적으로 해결할 때도 적용할 수 있다. 전체에서의 중요성을 알 수 있기 때문에 여러 케이스에서 액션을 검토할 때에 도움이 된다.

꼭 알아두기! ▶ 더 효과를 낼 수 있는 요소에 자원을 집중

파레토 법칙(80 − 20 법칙) ……… 상위 20%가 상품 전체 매상의 80%를 채워 매출에 가장 공헌한다.
상위 20%는 자원을 집중해야 할 층이다.

가장 효과적인 층을 공략하자

비즈니스뿐 아니라 많은 상황에서
상위 20%를 독점하고 있다면
전체 80%를 채우고 있는 것과 같다.

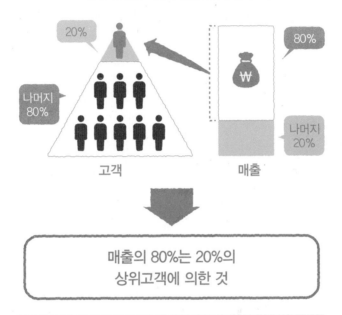

매출의 80%는 20%의
상위고객에 의한 것

그 외 비즈니스 전략도!

● 롱테일
매출이 적은 80% 부분을 모아 매상으로 연결하는 전략

롱테일

마케팅

'누가' 필요로 하는 것을 상품으로 만들까

09 | 프로덕트 아웃 /마켓 인

상품화에 도달하기 위한 출발점 2가지

상품이 만들어지는 계기를 크게 나누면, 기업이 가진 기술이나 노하우 등의 시즈(종자, 씨앗)를 기본으로 만드는 '프로덕트 아웃'과 고객의 니즈에 근거하여 만드는 '마켓 인'의 2종류로 나눌 수 있다.

일반적인 방법인 프로덕트 아웃은 앞을 내다 본 아이디어와 장기적인 시점을 기반으로 한 기술개발이 필요하며, 제품이 받아들여지기까지 기반을 다지거나 고객의 니즈를 키울 필요가 있다.

반면, 마켓 인은 고객의 요청에서부터 시작하지만, 기업이 니즈를 정확히 파악하고 있는지, 변화하는 니즈에 유연하게 대응할 수 있는지에 따라 성패가 갈린다.

어느 전략을 선택할지에 따라 기업이 어떤 액션을 취할지가 크게 달라지기 때문에 방침 결정은 신중히 할 필요가 있다.

꼭 알아두기! ▶ **상품개발의 스타트 지점**

프로덕트 아웃 ······ 기업이 만들고 싶은 것을 만든다.
마켓 인 ·············· 고객이 필요로 하는 것을 만든다.

상품개발의 발신원은 누구?

상품을 기획할 때는 만드는 측의 입장에서 만드는 프로덕트 아웃과,
고객의 입장에서 만드는 마켓 인 2종류의 방법이 있다.

프로덕트 아웃

❶ 기술·연구

시즈

❷ 제품화

예 블루투스 이어폰

과제
- 니즈 예측이 곤란
- 시장 육성이 필요

마켓 인

❶ 시장조사

니즈

뭐가 됐든 사운드가 최고!

❷ 제품화

예 초고음질 헤드폰

과제
- 니즈의 유동성
- 요구의 달성도

제품에 가장 적합한 프로세스를 선택하기

마케팅 신제품은 단계적으로 보급하기

10 │ 이노베이터 이론

보급을 위해서 넘어야 할 도랑

새로운 제품이 시장에 보급되는 과정을 명확하게 한 것이 이노베이터 이론이다. 특히 하이테크 제품이나 인터넷 서비스가 이에 적합하다. 이 이론은 제품과 서비스가 시장에 투입되는 시점부터 경과시간에 따라 이용자를 5종류로 분류한다.

첫 번째로, 새로운 것에 가장 먼저 달려드는 '이노베이터(혁신가)'가 있으며, 다음으론 새로운 것을 자랑하고 싶어하는 '얼리어댑터(초기채용자)'가 있다. '캐즘'이라 불리는 보급의 벽을 넘으면, 그 뒤로 '얼리 메이저리티(전기 추종자)', '레이트 메이저리티(후기 추종자)'가 이어지며, 마지막은 '래가드(지체자)'이다. 단계별로 사용자의 특성이 다르기 때문에 그에 맞는 판촉활동이 필요하다.

꼭 알아두기! 〉 **고객층에 따라 어필 포인트를 다르게!**

도입기는 이노베이터를 타깃으로 한다.
'보급률 16%'는 처음으로 넘어야 하는 벽이다.
'모두 갖고 있으니까'는 보급이 된 증거이다.

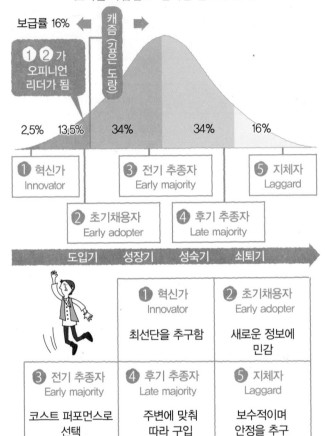

상품 고객층의 이동

회사는 신제품과 새로운 서비스를 내세울 때
고객을 타입별로 분석할 필요가 있다.

보급률 16%　← 캐즘 (깊은 도랑) →

❶❷가 오피니언 리더가 됨

| 2.5% | 13.5% | 34% | 34% | 16% |

❶ 혁신가 Innovator

❸ 전기 추종자 Early majority

❺ 지체자 Laggard

❷ 초기채용자 Early adopter

❹ 후기 추종자 Late majority

도입기　성장기　성숙기　쇠퇴기

❶ 혁신가 Innovator	**❷ 초기채용자** Early adopter
최선단을 추구함	새로운 정보에 민감

❸ 전기 추종자 Early majority	**❹ 후기 추종자** Late majority	**❺ 지체자** Laggard
코스트 퍼포먼스로 선택	주변에 맞춰 따라 구입	보수적이며 안정을 추구

보급률 16%를 넘기면
단골 상품(히트상품)이 될 가능성이 있음

마케팅 | '고객 만족도×고객 기대도'로 코스트에 맞는 가치 제공

11 | 가치 분석

고객에게 최적화된 가치를 제공하기

고객 만족도 'CS(Customer Satisfaction)'와 고객 기대도 'CE(Customer Expectation)'를 비교하고 가격에 맞는 가치를 제공하기 위해 실시하는 것이 가치 분석이다. 이것은 CS와 CE를 축으로 한 매트릭스에서 고객이 무엇에 만족하고 무엇에 불만을 품었는지를 구상하여 기업 측과의 인식 차이를 보고자 할 때 사용한다.

CE(고객 기대도)가 낮고, CS(고객 만족도)가 높은 경우는 현재 만족하고 있는 고객의 만족도를 올리려고 해도 성과가 없다. 반대로 CE(고객 기대도)가 높고, CS(고객 만족도)가 낮은 경우는 고객이 불만을 느끼고 있는 상태로 신속히 상품과 서비스를 개선할 필요가 있다. 이처럼 가치 분석은 고객에게 전하는 가치를 최적화하는 데 도움이 된다.

꼭 알아두기! | 균형적이고 가격에 알맞은 가치 제공!

Customer Satisfaction(CS) ········· 고객 만족도
Customer Expectation(CE) ········ 고객 기대도
기능÷가격 = 가치 ····················· 가치의 최대화

고객의 기대에 맞는 가치

고객의 만족도(CS)와 고객의 기대도(CE)를 비교.
고객이 가장 기대하고 있는 가격으로 상품과 서비스를 제공한다.

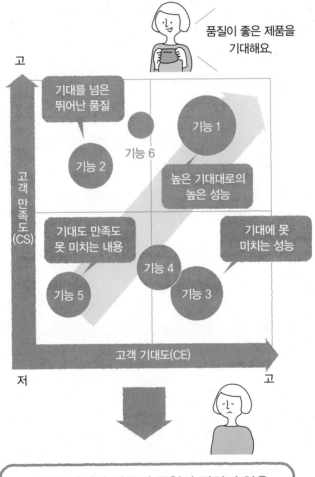

고객의 기대와 만족의 균형이 잡히지 않은
성능을 제거하고, 최적화하기

마케팅

악순환은 '디플레이션 스파이럴'과 같은 구조

12 호순환·악순환 (자기강화형 피드백·루프)

어디에서 루프를 멈추고 속도를 낼지가 관건

인과관계는 '원인'과 '결과'에 따른 것이지만, 결과가 원인이 되어 확대 또는 축소의 고리가 되는 경우가 있다. 이 경우, 확대의 방향으로 변하는 루프를 '호순환', 축소하는 루프를 '악순환'이라고 한다. 결과가 원인에 영향을 끼치는 피드백의 작용이 유동적이기 때문에 그 움직임이 강화되는 경우도 적지 않다.

호순환·악순환은 한번 시작하면 계속되는 성질이 있다. 호순환이라면 환영할 만한 일이지만, 반대의 경우는 시급한 대책이 필요하다.

관계자가 서로 적절하다고 생각하는 행동을 취해도 전체적으로는 적절하지 못할 때도 있다. 이럴 때는 이 프레임워크로 상황을 살펴보고 현재의 순환을 파악하는 것이 문제 해결에 상당히 유용하다.

꼭 알아두기! ▶ **현재 상황이 어떤 순환인지를 파악하기**

호순환을 가속하여 성과를 크게 한다.
악순환을 끊어내고 문제를 해결한다.
악순환은 눈덩이처럼 마이너스가 될 가능성을 내포하고 있다.

확대·축소 사이클의 구조

인과구조에는 결과에서 원인, 원인에서 결과라는 피드백의
사이클이 있으며, 확대하는 사이클을 호순환, 축소하는
사이클을 악순환이라고 한다.

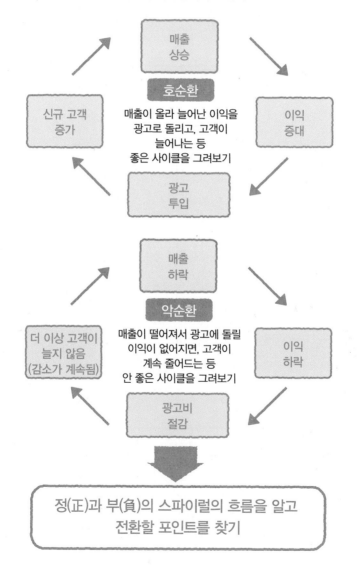

매출
상승

호순환

신규 고객
증가

이익
증대

매출이 올라 늘어난 이익을
광고로 돌리고, 고객이
늘어나는 등
좋은 사이클을 그려보기

광고
투입

매출
하락

악순환

더 이상 고객이
늘지 않음
(감소가 계속됨)

이익
하락

매출이 떨어져서 광고에 돌릴
이익이 없어지면, 고객이
계속 줄어드는 등
안 좋은 사이클을 그려보기

광고비
절감

정(正)과 부(負)의 스파이럴의 흐름을 알고
전환할 포인트를 찾기

마케팅 | 제품의 탄생부터 수명이 다할 때까지를 4단계로 나눠서 분석

13 제품 라이프 사이클

이노베이터 이론과 함께 사용하기

제품이 시장에 나와서 그 모습을 감추기까지의 4단계를 '제품 라이프 사이클(PLS)'로 나타낼 수 있다.

제1단계(도입기)는 고객의 인지향상을 위한 적극적인 투자를 빼놓을 수 없는 시기. 이어서 제2단계(성장기)에서는 매상이 급속하게 늘어나는 한편, 경쟁사의 출현 등에 대한 대책이 필요하다. 다음 제3단계(성숙기)는 매출은 제자리걸음인 반면 경쟁은 치열해진다. 제4단계(쇠퇴기)에서는 매출은 하향선을 타게 되고, 제품을 개선하여 새로 시장에 내놓을지, 시장에서 철수 할지를 시야에 넣어서 생각할 필요가 있다.

제품 라이프 사이클이 위력을 발휘하는 것은 수명이 짧은 제품을 다수 갖고 있는 경우이다. 신제품을 투입해야 할 타이밍이나 재고가 떨어지는 것을 피해야 할 스테이지 등 적절한 타이밍으로 상품전개를 해야할 때 큰 도움이 된다.

꼭 알아두기! **제품의 영고성쇠에 맞는 대책을!**

도입기 · 성장기 : 인지도 향상 → 점유율 확보
성숙기 : 경쟁 격화, 이익 확보
쇠퇴기 : 단념하고 철퇴 or 이노베이션

제품 이익의 추이를 파악하기

제품에는 도입기, 성장기, 성숙기, 쇠퇴기의 4단계가 있으며
각각의 단계에 따른 대책과 예측이 필요하다.

매상·이익은 성숙기에 최대가 된다.

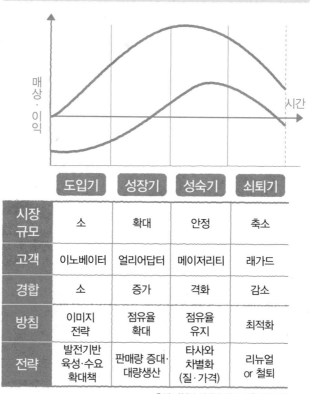

	도입기	성장기	성숙기	쇠퇴기
시장 규모	소	확대	안정	축소
고객	이노베이터	얼리어답터	메이저리티	래가드
경합	소	증가	격화	감소
방침	이미지 전략	점유율 확대	점유율 유지	최적화
전략	발전기반 육성·수요 확대책	판매량 증대· 대량생산	타사와 차별화 (질·가격)	리뉴얼 or 철퇴

출전 : '일본 마케팅 연구 HP' 가필수정

성숙기에 도달했을 때 이익은 최대가 됨.
다음 제품을 빨리 투입하여 성장을 도모하기

마케팅   잠재적인 우량고객을 찾아내서 키우기

14 | RFM 분석

우량고객을 빨리 찾아내어 극진히 길러내기

항상 대량으로 구매하는 고객은 자사에 있어 '우량고객(단골)'이다. 팔레토법칙(p.72)에서 알아본 것 같이 우량고객에 대한 집중적인 마케팅이 필요할 때 RFM 분석이 유용하다.

우량고객은 최신 구매일, 구매빈도, 누적 구매액의 3가지 포인트로 나눌 수 있다.

R(최근성) : 없음 < 최근

F(빈번성) : 종종 < 빈번하게

M(부유성) : 소비금액이 적음 < 소비금액이 많음

어느 요소가 중요한 지는 업계에 따라 다르지만, 어느 하나라도 그 값이 크다면 잠재적인 우량고객으로 생각하고 중점대책을 세워, 우량고객으로 길러내는 것도 가능하다. 이런 경우도 RFM에서 힌트를 얻을 수 있다.

꼭 알아두기! **RMF으로 잠재적인 우량고객을 발굴하기**

최신 구매일(Recency) ········ 최근 언제 샀는가?
구매빈도(Frequency) ········· 어느 정도의 빈도인가?
누적 구매액(Monetary) ······· 지금까지 얼마나 샀는가?

우량고객을 나누기

자사를 이용하는 고객의 분석방법으로,
Recency(최근성)·Frequency(빈번성)·Monetary(부유성)의
3가지 요소로 나눌 수 있다.

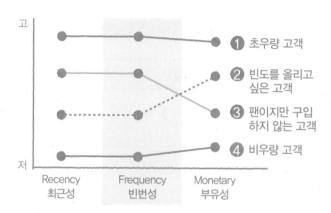

① 초우량 고객

② 빈도를 올리고 싶은 고객

③ 팬이지만 구입 하지 않는 고객

④ 비우량 고객

고
저

Recency
최근성

Frequency
빈번성

Monetary
부유성

① 초우량 고객

자사 브랜드를
애용해주는
단골 손님

② 빈도를 올리고 싶은
고객

자사 제품을
구입해주기는
하지만, 빈도가
높지는 않음

③ 팬이지만 구입하지
않는 고객

자사 팬이지만,
소비는 피하고
있음

④ 비우량 고객

자사 팬도 아니고,
구입도 안함

어떤 고객층에 대한 대책을 세울지 판단한다

마케팅 | 구입까지의 프로세스를 분할하여 접근

15 | AIDMA

점점 갖고 싶어지는 심리란

새로운 제품을 만난 고객이 구입을 하기까지의 프로세스에는 일정한 패턴이 있으며, 그것을 고객의 심리적인 프로세스에 따라 모델화한 것이 다음의 AIDMA이다.

Attention(주목) : 신제품의 존재를 알다

Interest(흥미) : 관심을 갖다

Desire(욕구) : 갖고 싶다고 '생각하다'

Memory(기억) : 구매에 필요한 정보를 갖고 있다

Action(행동) : 실제로 구입하다

AIDMA에는 여러 변형이 존재한다. 최근에는 SNS 보급으로 인해 '갖고 싶다'고 생각하는 상품의 정보를 검색(Search)하고, 구매(Action)해서 그 정보를 공유(Share)하는 모델을 나타내는 AISAS(아이사스) 등도 나오고 있다.

꼭 알아두기! ▶ **구매까지의 심리 패턴**

주목 → 흥미 → 욕구 → 기억 → 행동
우와 → 좋다 → 갖고 싶다 → 언젠가는 → 구입
구매요인 : 심리적, 개인적, 사회적, 문화적

구입까지의 프로세스 분석

고객의 반응을 단계별로 분석하여 어떻게 행동하여
판매를 촉진할지 대책을 검토한다.

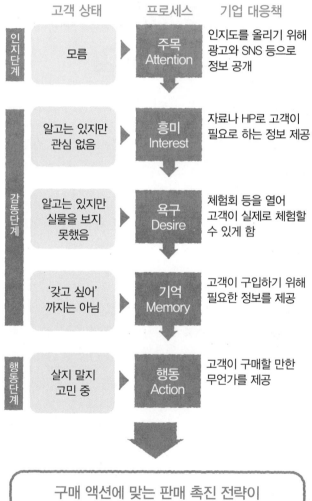

고객 상태	프로세스	기업 대응책
인지단계 모름	주목 Attention	인지도를 올리기 위해 광고와 SNS 등으로 정보 공개
감동단계 알고는 있지만 관심 없음	흥미 Interest	자료나 HP로 고객이 필요로 하는 정보 제공
알고는 있지만 실물을 보지 못했음	욕구 Desire	체험회 등을 열어 고객이 실제로 체험할 수 있게 함
'갖고 싶어' 까지는 아님	기억 Memory	고객이 구입하기 위해 필요한 정보를 제공
행동단계 살지 말지 고민 중	행동 Action	고객이 구매할 만한 무언가를 제공

구매 액션에 맞는 판매 촉진 전략이
진행되고 있는지가 중요하다

AI 실업시대란?

RPA로 화이트칼라 업무가 급감

RPA란 로보팅 프로세스 오토메이션의 약자로 컴퓨터 안에 상주하면서 일을 배우는 프로그램을 말한다. 인간이 할 일을 자동으로 해주는 것으로 예를 들어, 여러 개의 어플리케이션에 몇 가지의 판단 명령을 내리면 사무작업을 자동으로 해준다.

최근, 인간이 일을 하는 대신 AI가 판단 프로그램에 따라 작업을 자동으로 하는 타입의 RPA가 주목받고 있다. 지금까지 SE가 했던 작업을 AI가 하기 때문에 인건비·시간이 큰 폭으로 줄어들 수 있다. AI가 사무작업을 대신 떠맡아서 하는 흐름이 이대로 속도를 낸다면, 화이트칼라의 업무 대부분을 AI가 하게 되어 구조조정이 이루어지는 것은 눈에 불 보듯 뻔한 일이다.

제 3 장

문제 해결 프레임워크

계획대로 일이 진행되지 않거나, 효율이 낮거나, 방도가 생각나지 않는 등 기업 활동에서 문제는 항상 일어나기 마련이다. 그래서 필요한 것이 문제 해결 프레임워크이다. 문제 발견에서 해결 방법까지 도움이 될 만한 프레임워크만 모았다.

문제 해결 | 자사가 안고 있는 문제를 명확히 하기

01 As is / To be (갭 분석)

현상과 이상의 갭 찾기

As is / To be는 해결할 문제를 정확히 파악하기 위한 프레임워크이다. 먼저, '현상(As is)'을 가능한 정확하게 파악한다. 그리고 있어야 할 모습 '목표(To be)'를 명확히 한다. 이 2가지를 대비시키면, 현상과 목표 사이의 갭이 보인다. 이 갭이 있는 현상을 목표에 가까워지도록 시책을 생각하고 이를 통해 문제도 해결할 수 있으므로 이를 갭 분석이라고도 부른다.

발견한 문제를 보다 명확하게 정의하기 위해 '문제발견의 4P'를 사용하면, 문제점을 찾기가 더 쉬워진다. 4P는 '언제의 문제인가(시간/Period)', '어디가 문제인가(공간/Perspective)', '누구의 문제인가(입장/Position)', '무엇을 위한 문제인가(목적/Purpose)'를 나타낸다.

꼭 알아두기! **문제를 명확히 하기 위한 프로세스**

As is / To be로 현상과 목표 사이의 갭을 명확하게 하고, 과제를 찾아내기.
문제 발견의 4P를 사용하여 문제·과제를 명확히 하기.

이상과 현실의 갭을 명확히 하기

문제란 이상과 현실 사이의 갭을 가리킨다. 그 차이를 메꾸는
대책을 세울 때 원인규명은 꼭 필요하다.

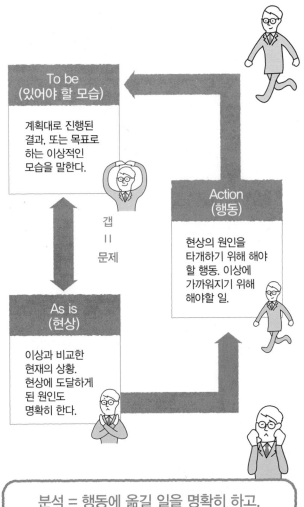

To be
(있어야 할 모습)

계획대로 진행된
결과, 또는 목표로
하는 이상적인
모습을 말한다.

갭
||
문제

Action
(행동)

현상의 원인을
타개하기 위해 해야
할 행동. 이상에
가까워지기 위해
해야할 일.

As is
(현상)

이상과 비교한
현재의 상황.
현상에 도달하게
된 원인도
명확히 한다.

분석 = 행동에 옮길 일을 명확히 하고,
문제 해결의 지침을 명시

문제 해결 | 문제를 일으키는 요인을 밝혀내기

02 | 특성요인도

문제 요인을 빠짐없이 적어보기

특성요인도는 공학박사 이시카와 가오루가 제안한 것으로 문제 요인을 철저하게 밝혀내는 데 사용하는 프레임워크이다.

품질관리 현장에서 사용하기 시작한 프레임워크로 오른쪽 끝에 검토할 주제를 놓고, 그것을 일으키는 주된 요인을 빠짐없이 열거해 나간다. 계속해서 그 주된 요인의 발생요인을 각각 열거한다. 이것을 반복해서 요인을 세분화한다. 그림으로 하면 생선 가시와 같은 형태가 되기 때문에 '피시 본 차트'라고도 부른다.

특성요인도는 도요타 자동차에서 실시하고 있는 문제발견의 프로세스 '왜(why)를 5번 반복하라(5-WHY)'를 더 체계화 한 것이다. 이 차트는 요인끼리 서로 관련이 있는 경우에는 사용할 수 없으므로 이런 경우는 시스템 씽킹(p. 194)의 프레임워크를 사용한다.

> **꼭 알아두기!** **특성요인도로 문제 요인을 철저하게 찾아내기**
>
> 문제의 진짜 원인이 어디에 있는지 규명하기 위해서는 각각의 요인을 빠짐없이 들어 거슬러 올라가 보는 것이 필요하다.

특정요인도로 원인을 찾아내기

특정요인도는 현재 있는 문제의 원인을 세분화하기 위한 방법.
거슬러 올라가면서 원인을 세분화하고 망라하여 찾아낸다.

특정요인도(예 : 공장)

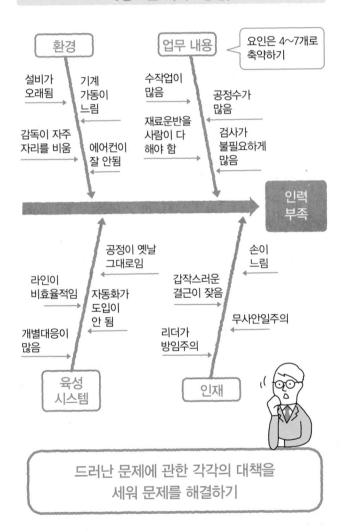

환경

- 설비가 오래됨
- 기계 가동이 느림
- 감독이 자주 자리를 비움
- 에어컨이 잘 안됨

업무 내용

요인은 4~7개로 축약하기

- 수작업이 많음
- 공정수가 많음
- 재료운반을 사람이 다 해야 함
- 검사가 불필요하게 많음

인력 부족

육성 시스템

- 공정이 옛날 그대로임
- 라인이 비효율적임
- 자동화가 도입이 안 됨
- 개별대응이 많음

인재

- 손이 느림
- 갑작스러운 결근이 잦음
- 무사안일주의
- 리더가 방임주의

드러난 문제에 관한 각각의 대책을
세워 문제를 해결하기

문제 해결 │ 문제 해결을 위한 선택지를 빠짐없이 찾아내기

03 │ 로직 트리

다채로운 활용이 가능한 로직 트리

문제 해결을 위한 해결책의 선택지를 MECE(p.58)의 프레임워크를 의식하면서 열거할 때 쓰이는 것이 로직 트리이다.

그 예로 '하우 트리'가 있는데, 이는 해결해야 할 주제에 '어떻게?(How)'란 질문을 하고 생각나는 선택지를 모두 열거하여 각각의 항목에 대해 또 선택지를 나열해 나가는 작업을 반복해서 트리 모양으로 선택지를 전개한다.

로직 트리는 전개한 트리의 선택지 안에 답이 반드시 포함되어 있어야 한다. 단, 이 프레임워크는 문제 해결 방법을 많이 생각해보기 위한 것으로 최선의 선택을 고르기 위한 방법은 아니라는 점에서 주의가 필요하다.

꼭 알아두기! ▶ **로직 트리가 도움이 되는 경우**

How 트리 : 문제 해결을 위한 선택지를 찾는다.
Why 트리 : 문제 원인을 분석한다.
결정 트리 : 의사결정의 선택지를 찾는다.

모든 선택지를 찾아내는 How 트리

문제해결을 위해 '어떻게?'를 반복하는 How 트리.
빠짐없이, 중복되지 않게 찾다 보면 반드시 답이 떠오른다.

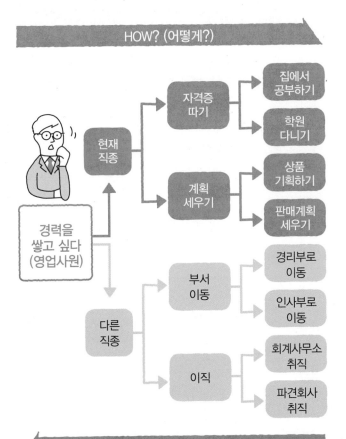

HOW? (어떻게?)

- 경력을 쌓고 싶다 (영업사원)
  - 현재 직종
    - 자격증 따기
      - 집에서 공부하기
      - 학원 다니기
    - 계획 세우기
      - 상품 기획하기
      - 판매계획 세우기
  - 다른 직종
    - 부서 이동
      - 경리부로 이동
      - 인사부로 이동
    - 이직
      - 회계사무소 취직
      - 파견회사 취직

So what? (그래서 무엇?/어떻게 되나?)

처음 제기된 문제의 해결책이 반드시 포함되어
있어야 함. 망라적으로 문제 해결법을 찾는 방법

문제 해결 | 생산성을 저하시키는 문제점을 특정짓기

04 보틀넥 분석

다음 보틀넥도 의식해서 분석하기

보틀넥이란 병목이 좁아지는 부분을 말한다. 이것에 빗대어 시스템 전체에서 유량이나 생산성을 한정시키는 부분을 보틀넥이라고 부른다. 보틀넥이 발생하는 장소와 그 개선방법을 찾기 위한 프레임워크가 바로 보틀넥 분석이다.

보틀넥이 복수의 프로세스 중 어디에 있을지는 프로세스 처리능력과 가동률의 분석에서 알아볼 수 있다. 구체적인 방법은 다음과 같다. 이상적인 가동률을 100%라고 했을 때 각 프로세스의 실제 가동률을 산출한다. 처리능력이 가장 낮은 부분이 보틀넥이라 보면 된다. 해결할 때는 가장 문제가 되는 부분을 해소했을 때 다음 보틀넥이 되는 부분을 미리 찾아놓는 것도 중요하다.

꼭 알아두기! 〉 보틀넥 발견으로 문제 해결

프로세스 중에서 어디가 가장 처리능력×가동률이 낮은지 보틀넥인 부분을 발견해서 해소하면 생산량을 개선할 수 있다.

보틀넥 개선이 필요한 이유

업무와 전략 수행을 방해하고 가동률을 낮추는 보틀넥.
개선하면 업무 효율과 생산성 등을 올릴 수 있다.

보틀넥(이미지)

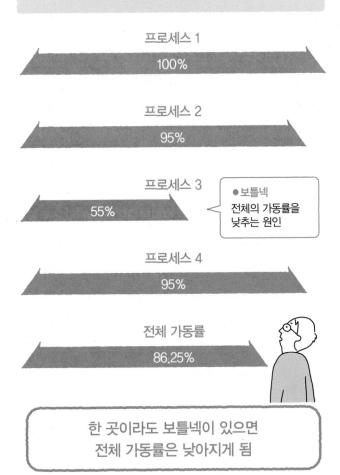

문제 해결   시스템 효율을 최대화하기 위한 힌트

05 | 스루풋 분석

이익에 시간개념을 조합해서 생각하기

스루풋(정보나 가공된 물질의 양)이란 일정 시간 내의 처리능력을 말하며 IT 용어로는 데이터 처리능력, 비즈니스에서는 시간 당 생산량의 '매출고 - 순수 변동비(원재료비나 운송비 등의 순수한 변동비)'를 뜻한다. 이익이 큰 상품이라도 생산이나 운송·판매에 시간이 걸리면, 이익률은 높더라도 단시간에 매장에 놓이는 상품과 비교했을 때 스루풋은 낮아지게 된다.

스루풋 분석은 기업의 스루풋을 분석하여 최대화하기(수익성 높이기) 위한 프레임워크이다. 여기서 중요한 것은 보틀넥 분석(p.96)이다. 보틀넥에 의해 스루풋이 제한되는 경우, 보틀넥을 해소하는 것이 스루풋 분석의 중요 과제라 할 수 있다.

스루풋을 크게 하면 매상과 이익에 대한 고정비가 낮아지고, 전체 이익률도 올라간다. 스루풋 분석을 적절히 사용하면 생산성과 수익성을 동시에 높일 수 있다.

꼭 알아두기! > **스루풋 분석으로 이익향상**

일정 시간 내 매상고 = 스루풋을 분석하고, 보틀넥을 해소하는 등으로 스루풋 향상 = 이익 향상으로 이어진다.

이익률과 다른 수익 분석 방법

사업에서 이익률을 최대화하기 위해서는 개당 이익률 보다
시간당 수익을 높이는 것이 중요하다.

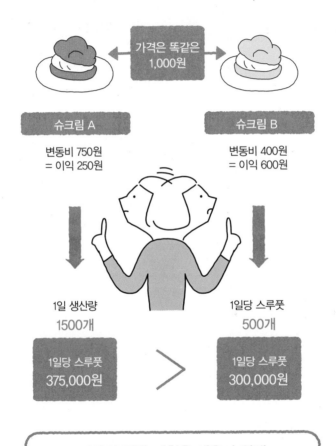

가격은 똑같은
1,000원

슈크림 A

변동비 750원
= 이익 250원

슈크림 B

변동비 400원
= 이익 600원

1일 생산량
1500개

1일당 스루풋
375,000원

>

1일당 스루풋
500개

1일당 스루풋
300,000원

자사의 전략 계획을 세우기 위해
업계의 현상을 파악하는 것이 목적

문제 해결 | 일의 프로세스를 '가시화'하기

06 | 프로세스 맵

프로세스 맵으로 보틀넥 찾기

'일의 효율을 개선하고 싶다', '실수를 줄이고 싶다' 등의 과제에 사용되는 프레임워크이다. 프로세스 맵을 작성해서 일의 흐름(프로세스)을 '가시화'하여 프로세스 전체의 생산성을 올릴 수 있다.

프로세스 맵을 작성하기 위해서는 먼저 일의 흐름을 Input(입력), Process(처리), Output(출력)의 3가지 흐름(IPO)으로 나타내어 '가시화'해 나간다. 그리고 작업의 효율을 방해하는 보틀넥을 찾아 낸다.

작업 효율을 악화시키는 보틀넥을 찾아 처리하면 전체의 스루풋(처리능력)도 향상시킬 수 있다.

꼭 알아두기! > **업무의 흐름을 나타내는 IPO란?**

Input(인풋) ····················· 입력
Process(프로세스) ·········· 처리
Output(아웃풋) ················ 출력

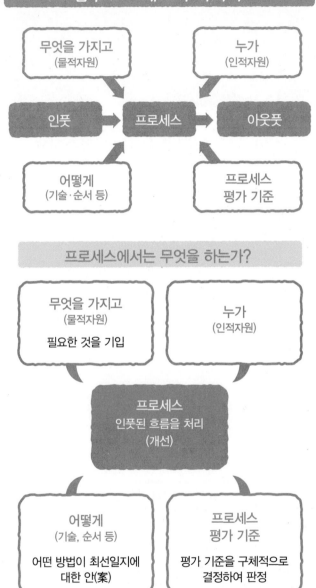

업무 프로세스의 가시화

| 무엇을 가지고
(물적자원) | 누가
(인적자원) |

인풋 → 프로세스 → 아웃풋

| 어떻게
(기술·순서 등) | 프로세스
평가 기준 |

프로세스에서는 무엇을 하는가?

무엇을 가지고
(물적자원)

필요한 것을 기입

누가
(인적자원)

프로세스
인풋된 흐름을 처리
(개선)

어떻게
(기술, 순서 등)

어떤 방법이 최선일지에
대한 안(案)

프로세스
평가 기준

평가 기준을 구체적으로
결정하여 판정

문제 해결　자유로운 발상으로 문제 해결하기

07 브레인스토밍

4가지 규칙으로 새로운 아이디어가 탄생

브레인스토밍은 멤버가 자유롭게 발언·발상하여 문제 해결을 돕는 프레임 워크이다. 브레인스토밍에는 4가지 규칙이 있다.

① 비판 금지… 쓸데없는 아이디어라도 다른 아이디어의 힌트가 될지도 모르므로 의견이 나온 시점에서는 어떤 비판도 평가도 하지 않는다.

② 자유로운 발상… 선입관이나 고정관념에 얽매이지 않은 자유로운 아이디어를 환영한다.

③ 질보다 양… 많은 아이디어가 나오는 것을 목적으로 하며 생각나는 대로 바로 말한다.

④ 편승 OK… 이미 나온 아이디어랑 합치거나 더 발전시켜서 아이디어를 개선할 수 있다.

이 룰을 지키지 않으면 회의는 성공할 수 없다.

꼭 알아두기!　브레인스토밍의 4가지 규칙

① 비판 금지(Defer Judgment)
② 자유로운 발상(Encourage Wild Ideas)
③ 질보다 양(Go For Quantity)
④ 편승 OK(Build on the Ideas of Others)

브레인스토밍의 4가지 규칙

① 비판 금지

'그건 무리야'
'비현실적이야'
'너무 없어 보여'
'쓸모없어'
등은 금지!

② 자유로운 발견

'재미있네!'
'의외성이◎' 등
참가자의
발상력과
분위기를 좋게
하기

③ 질보다 양

'해외에 팔자!'
'협업해보자' 등
실현성은 나중에
생각하면 되므로 OK

④ 편승 OK

'그렇다면 이것도!'
'여기에서도 쓸 수 있을 것
같아' 등
발상의 힌트가
되기도 함

아이디어 정리 방법

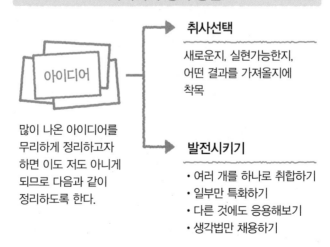

아이디어

많이 나온 아이디어를
무리하게 정리하고자
하면 이도 저도 아니게
되므로 다음과 같이
정리하도록 한다.

취사선택

새로운지, 실현가능한지,
어떤 결과를 가져올지에
착목

발전시키기

• 여러 개를 하나로 취합하기
• 일부만 특화하기
• 다른 것에도 응용해보기
• 생각법만 채용하기

08 | 타임머신법

목표를 위한 로드맵

현재 상태를 바탕으로 미래를 예측하는 것을 '포어캐스팅'이라 하고, 그와 반대로 자신들의 이상적인 모습을 미래상으로 설정하여 그에 도달하기까지 무엇을 하면 좋을지 계획과 과제를 생각하는 방법을 '백캐스팅'이라 한다. 이런 사고를 활용한 방법이 바로 '타임머신법'이다. 목표까지를 N년이라 하고 N/4년 후, N/2년 후 등으로 목표까지 몇 가지 포인트를 정해, 이상을 실현하기 위해서 N/2년 후에는 어떻게 해야 할지, 나아가 N/4년 후에는 어떻게 되어 있어야 할지를 생각해 나가는 수법이다.

또한, 타임머신법은 명확한 목표를 설정하여 목표실현을 위한 로드맵이기도 하며, 동기부여를 높이는 효과도 기대할 수 있다.

꼭 알아두기! **목표 실현을 위한 2가지 수법**

포어캐스팅 ·········· 현재로부터 미래를 예측하는 방법
백캐스팅 ············· 이상적인 미래상으로부터 현재를 조망하는 방법

타임머신법

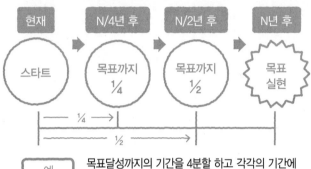

현재	N/4년 후	N/2년 후	N년 후
스타트	목표까지 ¼	목표까지 ½	목표 실현

예	목표달성까지의 기간을 4분할 하고 각각의 기간에 무엇을 해야 할지를 정한다.

미래·현재의 인식법

Forecasting
포어캐스팅

현재를 기점으로 미래의 내 모습을 예측하고, 그에 맞춰 행동하는 방법.

아마 이런 미래

현재의 나

Backcasting
백캐스팅

자신의 미래의 모습을 설정하고 그 목표를 달성하기 위해 해야 할 과제를 정하는 방법. 타임머신법은 여기에 해당한다.

미래의 나

현재 무엇을 해야 하나

문제 해결 | 아이디어가 떠오르지 않을 때 쓰이는 프레임워크

09 SCAMPER

7가지 관점에서 새로운 발상하기

문제 해결을 위한 브레인스토밍(p. 102)을 해봐도 좋은 아이디어가 떠오르지 않을 때가 있다. 이럴 때 편리한 수법이 이 SCAMPER이다.

이것은 기존의 아이디어에 '대용', '통합', '응용', '수정(확대)', '전용', '삭제(삭감)', '역전(재편집)'의 7가지 시점을 적용하여 새로운 발상을 하기 위한 것이다.

이것을 사용하면 주제와 7가지 시점을 조합하여 아이디어를 강제적으로 만들어 낼 수도 있다. '이 발상과 무언가 통합할 것이 없을까?'라고 생각해 보는 것만으로도 새로운 아이디어는 나오기 쉬워진다.

꼭 알아두기! ⟩ **SCAMPER의 7가지 관점**

S : Substitute(대체할 수 있는가)
C : Combine(통합할 수 있는가)
A : Adapt(응용할 수 있는가)
M : Modify/Magnify(수정, 확대 가능한가)
P : Put to other uses(다른 용도로 사용 가능한가)
E : Eliminate/Minify(삭제/삭감 가능한가)
R : Reverse/Rearrange(역전/재편집 가능한가)

아이디어를 전개하는 7가지 방법

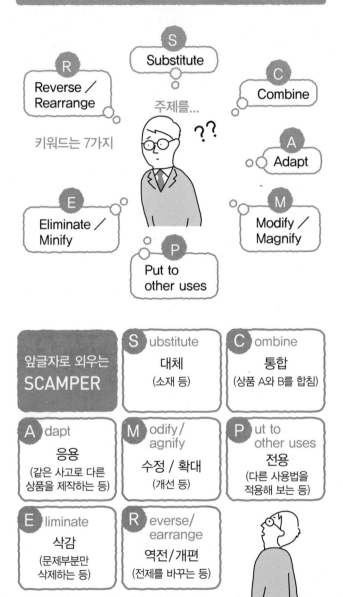

키워드는 7가지

주제를...

??

S ubstitute	C ombine
대체	통합
(소재 등)	(상품 A와 B를 합침)

A dapt	M odify / agnify	P ut to other uses
응용	수정 / 확대	전용
(같은 사고로 다른 상품을 제작하는 등)	(개선 등)	(다른 사용법을 적용해 보는 등)

E liminate	R everse / earrange
삭감	역전/개편
(문제부분만 삭제하는 등)	(전제를 바꾸는 등)

앞글자로 외우는
SCAMPER

문제 해결 | 트리 형태의 맵으로 문제를 해결

10 마인드맵®

문제의 전체 구도를 파악하기

마인드맵은 힌트나 기존의 아이디어에서 연상을 넓혀나가 문제 해결을 하기 쉽게 한 프레임워크로, 토니 부잔이 개발하였다.

방법은 먼저, 종이 가운데에 표현하고 싶은 개념(테마)을 적고, 아이디어를 키워드 중심으로 나눈 다음 생각나는 대로 방사형(트리형)으로 적어나간다. 그러면 키워드의 나뭇가지와 잎의 선(브런치)이 넓어지면서 아이디어별로 정리된 구도가 나타난다.

문제 해결 방법으로 마인드맵을 사용할 경우의 장점은 어떤 한 관점에 얽매이지 않고 자유롭게 발상을 연결해 나갈 수 있다는 점이다. 또한, 발상과 이미지를 가시화할 수 있어서 생각을 정리할 때도 유용하다.

꼭 알아두기! ⟩ 마인드맵 용어

주제 ················· 마인드맵 중심에 놓이는 이미지
브런치 ··············· 마인드맵의 '선'

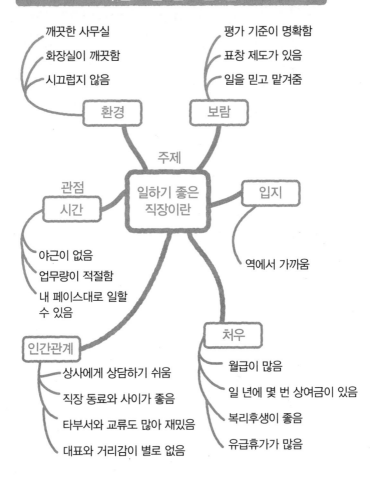

마인드맵 만드는 법

깨끗한 사무실
화장실이 깨끗함
시끄럽지 않음

환경

평가 기준이 명확함
표창 제도가 있음
일을 믿고 맡겨줌

보람

주제

일하기 좋은
직장이란

관점
시간

입지

야근이 없음
업무량이 적절함
내 페이스대로 일할
수 있음

역에서 가까움

인간관계

상사에게 상담하기 쉬움
직장 동료와 사이가 좋음
타부서와 교류도 많아 재밌음
대표와 거리감이 별로 없음

처우

월급이 많음
일 년에 몇 번 상여금이 있음
복리후생이 좋음
유급휴가가 많음

마인드맵의 이점

관점, 아이디어별로 정리가 가능
⬇
전체 구도를 파악할 수 있음

문제 해결 | 찬성과 반대로 아이디어를 평가하기

11 | 프로스 앤 콘스

상반되는 2가지 면을 검토하기

프로스 앤 콘스(Pros/Cons)는 어떤 주제에 대해 찬성과 반대를 정할 때나 여러 대안 중에서 가장 적절한 것을 고를 때 사용하면 편리한 프레임워크이다. 라틴어로 Pros는 찬성, Crons는 반대를 나타내며 프로콘은 '찬비'를 나타내는 의미로 사용한다.

구체적으로 먼저 어떠한 안에 대해 프로(찬성하는 이유)와 콘(반대하는 이유)을 가능한 많이 적어 나간다. 그리고 찬반의 의견에 대해 다수가 아닌, 각각의 이유의 중요도를 같은 기준으로 평가(동그라미나 세모 등)하여 전체적으로 어느 것이 우세한지를 판단한다.

프로스 앤 콘스는 상반된 2가지 면에서 주제를 검토하여 멤버 전원에게 다른 시점을 의식하게 하고, 합리적인 의사결정을 할 수 있는 수법이다.

꼭 알아두기! **Pros/Cons의 의미**

Pros ················· 찬성, 좋은 점, 장점
Cons ················· 반대, 나쁜 점, 단점

프로스 앤 콘스(2항 대립)로 생각하기

'어떤 문제를 어떻게 할 것인가(A인가, B인가)?'를 생각할 때
프로스 앤 콘스를 사용한다.

| Pros | 장점을 고려한 찬성의견 |

| Cons | 단점을 고려한 반대의견 |

자사제조를
해야 한다!

찬성
Pros

자사제조는
안 된다!

반대
Cons

찬성 Pros	반대 Cons
◎ 개발해서 독자기술을 탄생 시킬 수 있다. 사양변경이 수시로 가능하다. ◎ 노하우가 축적된다. 신념을 반영할 수 있다. ◎ 의사결정, 전달 속도가 빠르다. 판매시기를 조절할 수 있다.	◎ 기술개발비의 리스크를 피해야 한다. ◎ 외주가 자사보다 코스트가 적게 든다. 자사상황에 따라 발매시기가 늦춰질 가능성이 있다. 판매전략을 세우는 데 자원을 들여야 한다.

2가지로 대비시키면 종합적인 판단이 가능하다.

2가지를 대비시킬 때 잘 사용되는 키워드(예)

할 수 있다 ⟺ 할 수 없다	플러스 ⟺ 마이너스
현실 ⟺ 이상	미크로 ⟺ 매크로
전체 ⟺ 부분	장기 ⟺ 단기
양 ⟺ 질	내부 ⟺ 외부
수요 ⟺ 공급	직접 ⟺ 간접

문제 해결　친화성을 기준으로 아이디어를 정리하기

12 ｜ 친화도법

포인트는 유추력

얼핏 보면 관련이 없는 듯한 정보나 아이디어를 비슷하거나 깊은 관련이 있는 '친화성'을 기준으로 정리·통합하여 문제의 본질을 판별하는 수법을 '친화도법'이라고 한다.

예를 들어, 지금까지 경험한 적이 없는 문제의 해결법 등 막연해서 확실하지 않은 사항을 다룰 때는 먼저 생각나는 대로 접착식 메모지나 카드에 모두 적어 내용이 가까운 것을 그룹으로 묶어 정리, 분류, 체계화 해 나간다.

'이런 가능성도 있어'라고 유추력을 활용해 이 작업을 문제의 전체 구도가 보일 때까지 단계를 올려 나가면 모든 문제의 공통된 요인을 찾을 수 있다.

꼭 알아두기!　**친화도법의 포인트**

친화성 ·················· 비슷하고 관련있는 것끼리 정리하기
그루핑 ·················· 얼핏 달라보이는 것을 그룹화하기
유추력 ·················· 여러 가능성을 상상 · 추측하기

아이디어의 정리·통합에는 접착식 메모지가 편리

❶ 문제점을 접착식 메모지에 적기

❷ 닮은 내용은 가까운 곳으로 이동하기

❸ 그룹으로 묶어 공통항목(과제)을 정리하기

지금 가게의 문제점은?

길어지더라도 본질적인 말로 적는다.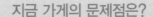

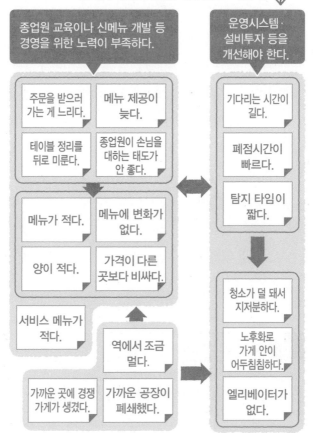

종업원 교육이나 신메뉴 개발 등 경영을 위한 노력이 부족하다.

운영시스템·설비투자 등을 개선해야 한다.

주문을 받으러 가는 게 느리다.

메뉴 제공이 늦다.

테이블 정리를 뒤로 미룬다.

종업원이 손님을 대하는 태도가 안 좋다.

메뉴가 적다.

메뉴에 변화가 없다.

양이 적다.

가격이 다른 곳보다 비싸다.

서비스 메뉴가 적다.

역에서 조금 멀다.

가까운 곳에 경쟁 가게가 생겼다.

가까운 공장이 폐쇄했다.

기다리는 시간이 길다.

폐점시간이 빠르다.

탐지 타임이 짧다.

청소가 덜 돼서 지저분하다.

노후화로 가게 안이 어두침침하다.

엘리베이터가 없다.

문제 해결 | 실효성과 실현성으로 아이디어를 점점 축소해나가기

13 | 페이 오프 매트릭스

가장 우수한 아이디어 고르기

페이 오프 매트릭스는 어떤 아이디어를 선택해야 효율적으로 문제 해결을 할 수 있을지를 정할 때 유용한 프레임워크이다.

아이디어의 평가 기준이 2개로 좁혀졌을 때 사용하는 것이 전제이며 구체적으로 세로축에 '실효성(효과)', 가로축에 '실현성(가격)'을 놓고 아이디어를 맵핑해 나간다. 효과가 높고 간단하게 해볼 수 있는 것이 가장 우수한 아이디어라 할 수 있다.

효과가 작고 실행하기 어려운 아이디어는 실행한다 해도 시간만 아까울 뿐이다. 반면, 효과가 작고 간단히 할 수 있는 일이라면 후다닥 해버리는 것이 좋다.

또한, 효과는 크지만 실행하기 어려운 일은 시간을 들여 천천히 해 나가도록 한다.

꼭 알아두기! ▷ **페이 오프 매트릭스의 판단기준**

실효성(효과) ················· 효과가 크다 ↔ 효과가 작다
실현성(코스트) ················· 간단하게 할 수 있다 ↔ 어렵다

문제해결을 위한 매트릭스

'어느 문제를 어떻게 할 것인가(A인가 B인가)'를 생각할 때
실효성과 실현성을 축으로 두고 아이디어를 낸다.

테마	동물원 경영문제 해결

실효성 대

실행하기 어려움 · 간단하면서 효과가 큼

판다를 중국에서
데려오기

북극곰 식사쇼
개최

새끼 멧돼지
이벤트 개최

2종의 동물 공생존
만들기

실현성 소

지금 있는 동물에게
개인기 훈련시키기

기린 먹이 주기
체험

실현성 대

원숭이랑 놀기
코너 설치

승마체험 재현

시간 낭비 · 바로 해볼 수 있음

실효성 소

페이 오프 매트릭스까지의 과정

Step1	Step2	Step3	Step4
문제파악	원인분석	해결책 추출	최선책 선택
마인드 맵	프로세스 맵	로직트리	페이 오프 매트릭스
As is / To be	특성요인도	친화도법	

제
3
장

문제 해결 프레임워크

문제 해결 | 여러 아이디어를 종합평가하기

14 | 의사결정 매트릭스

아이디어에 점수 매기기

의사결정 매트릭스는 문제 해결 가능성이 있는 여러 아이디어를 중요도가 다른 여러 기준을 사용해서 평가하는 프레임워크이다.

먼저 세로축에 선택지, 가로축에 평가기준을 나열한 표를 만들고 서로가 만나는 칸에 평가결과를 적는다.

평가결과는 엄밀히 평가하고 싶다면 0~100까지의 점수, 그렇지 않다면 ◎ ○△× 등의 기호로 나타낸다.

평가 후, 평가 칸에 적힌 각 아이디어의 점수에 중요도를 함께 고려하여 항목별로 점수를 더해 종합평가를 하고 점수가 많은 선택지를 고른다.

단, 의사결정 매트릭스는 합리적인 판단을 하기 위한 것이지 최선의 대답을 얻기 위한 방법이라고는 할 수 없으므로 주의가 필요하다.

꼭 알아두기! ▶ **종합평가의 포인트**

평가 기준 설정 .... 무엇을 목적으로 하는가
중요도 설정 .... 중요하게 생각하는 비율로 정하기

합리적이고 납득할 수 있는 의사결정

의사결정에서는 복수의 선택지를 그 중요성에 따라 평가하고 가장 평가가 높은 것을 선택하여 합리적인 결론을 얻을 수 있다.

어느 미디어를 이용할지 결정하기

평가는 10단계

웨이트 (중요성)	주문수 ×3	청구도 ×2	화제도 ×1	인지도 ×2	코스트 감 ×3	합계
텔레비전 광고	5	Ⓑ 7	5	4	1	45
잡지 광고	6	4	3	3	3	44
교통 광고	4	4	4	4	5	Ⓓ 47
SNS	2	3	Ⓒ 10	3	6	46
이벤트	Ⓐ 7	3	8	2	2	45

Ⓐ 반응이 빠름
효과적이고 단시간에 고 이익을 기대해볼 수 있음

Ⓑ 보편적이고 현실적인 선택
가격이 비싸고 어렵지만, 현실적이고 실패가 없음

Ⓒ 화제를 부르는 미디어
단번에 널리 알릴 수는 있지만, 성공할지는 불분명

Ⓓ 합력이 뛰어남
각 항목에서 첫 번째는 아니지만, 종합적으로는 우수함

해야 할 일을 하기 위한 프레임워크

15 | 기대 / 과제 매트릭스

> ### 막연한 아이디어에서 실행까지

매일 업무에 쫓겨 꼭 해야 할 일이 있어도 좀처럼 할 수 없을 때 효과적인 프레임워크가 '기대 / 과제 매트릭스'이다.

먼저 자신이 기대하는 일, 즉 이상과 목표를 표 가로축에, 기대를 실현하기 위해 해야만 하는 과제나 우려 사항을 세로축에 적어나간다. 그리고 가로와 세로가 만나는 칸에 구체적인 해결책이나 액션(지금부터 할 일)을 채워 적는다.

'누가(담당자 Who)', '언제까지(기한 When)', '무엇을 할까(실행항목 What)'를 확실하게 해두면 실행도 확실하게 된다.

기대/과제 매트릭스는 자신이 막연하다고 생각한 것을 실행하게끔 해주는 수법이다.

꼭 알아두기! ▶ **기대 / 과제 매트릭스의 포인트**

누가(담당자 Who)
언제까지(납기 When)
무엇을 할까(실행항목 What)

기대/과제 매트릭스 사용방법

'하고 싶은 일(기대)'과 '해야 할 일(과제)'을 조합해서
'지금부터 해야 할 일(액션)'을 도출한다.

기대 실현되면 좋다고 생각하는 이상   **과제** 실현을 위해 해야만 하는 일

		기대			
		팬이 늘어남 (표준화)	큰 히트를 침 (최대화)	이익률을 올림 (효율화)	재고가 줄어듦 (코스트 다운)
과제	생산수	생산량 증대	판매확대를 위한 전략 수립	자재 매입처 재검토	유통량에 맞는 생산수 조절
	유통	유통량 증대	판매 채널 증대	신규유통 경로 검토	유통량을 늘려 창고비를 줄임
	인지도	광고 프로모션 늘리기	TV 광고	【검토중】 영업부/ ~다음달 까지	아이디어가 없을 때는 담당자와 기한을 기입
	손실	—	—	공정을 재검토하여 불량을 줄임	
	품질	고객만족을 위한 품질관리	입소문을 내기 위해 품질을 향상시키기	품질 유지	

해야 할 일(플랜)의 명확화

기대와 과제를 크로스해서 표를 만들면
회사의 향후 사업플랜이 보인다.

AI 실업인가, AI 후진국인가

AI가 이대로 진화하면 운송·금융 등의 직업이 줄어들게 될 거라는 것은 다들 알고 있다. 'AI 실업'이 눈앞에 닥쳤을 때 일어날 수 있는 예상 시나리오는 여론의 영향으로 정부가 대책에 나설 거라는 것이다.

2022년은 닛산자동차의 자율주행차 완성목표해이기도 하며, 완성과 동시에 현재 인력부족으로 힘들어하는 운송업계에 초기 도입될 것이 분명하다. 그렇게 되면 배송기사의 일이 격감하게 되고, 택시나 버스도 같은 양상으로 사회문제가 될 것이다. 이 때, 정부가 어떻게 할지가 문제이다. 실업을 막기 위해 드라이버를 자율주행 감시자로 배치하는 법률을 만들면 인건비 삭감은 할 수 없게 되며, 반대로 무인운전을 금지하면 일본은 AI 후진국으로 전락해서 세계에서 뒤떨어지게 될 것이다.

제 4 장

매니지먼트
프레임워크

일의 진행방법을 포함, 팀과 조직의 매니지먼트는
기업 안에서도 해결과제 중에 하나이다. 일의 효율
을 올리거나 문제점과 개선점을 찾기 위한 프레임워
크는 많이 있지만, 가장 효과를 올리는 방법을 목적
에 맞춰 고르는 것이 중요하다.

매니지먼트 | 많은 사람이 협동하기 위한 구조

01 | 매니지먼트 계층구조

일과 역할의 계층 관리하기

조직(기업)이 잘 움직이기 위해서는 많은 사람이 각자의 임무를 수행하면서 협동하는 구조가 필요하다. 그러기 위해서는 일과 역할의 계층구조를 적절하게 관리해야 한다.

계층구조를 위에서부터 순서대로 살펴 보자. 가장 위에 있는 경영자(대표 또는 임원)는 중장기적인 비전을 내걸고, 달성을 위한 전략을 만드는 일을 한다. 그 비전과 전략을 토대로 구체적인 전술·계획을 세우는 것이 중간층의 부장, 과장급의 역할이다. 또 거기서부터 나온 각각의 테스크(업무)를 실행하는 것은 현장에 있는 개인이나 팀의 업무가 된다.

각 층의 요소를 유기적으로 연결하고 적절히 매니지먼트 하는 것이 조직력을 끌어내기 위한 중요한 열쇠라 할 수 있다.

꼭 알아두기! **조직원 각각의 입장**

경영자, 관리직, 현장이 서로의 입장에서 비전, 전략, 계획, 업무를 실행할 것. 이로 인해 조직이 강해지고 앞으로 나아가게 된다.

기업의 이상적인 모습

전략이나 계획은 매니지먼트가 적절한 계층구조를 이루어
조직을 관리하는 것이 중요하다.

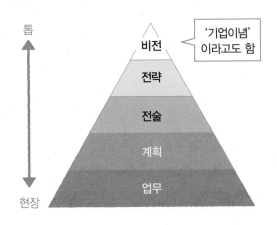

톱

비전

'기업이념'
이라고도 함

전략

전술

계획

업무

현장

비전

조직의 중기적·
장기적인 목표를
이미지로 나타낸 것

전략

조직의 목표달성
을 위한 큰 방침과
구조 등의 사고

전술

전략을 확실히 하기
위한 각 부서의
방침이나 방책

계획

전략·전술을
구체적으로 어떻게
해 나갈지
플랜으로 나타낸 것

업무

개인이나 팀과 같은
단위에서 목표
달성을 위해 해야
할 개별 과제

비전에서 업무까지 일관성이 있어야
조직력을 이끌어낼 수 있다.

매니지먼트 | 고객을 만족시키기 위한 3조건

02 QCD

품질, 가격, 납기는 업무의 기본

고객이 만족하기 위한 제품과 서비스에 필요한 것은 '품질(Quality)', 그것을 실현하기 위해 발생하는 '비용(Cost)', 그리고 '납기(Delivery)'를 지키는 것이다. 이 3가지는 고객이 만족하는 데 필요한 필수조건으로 모든 일에 공통되는 철칙이다.

반면, QCD는 트레이드 오프의 관계에도 있다. 품질을 올리려고 하면, 비용이 늘어나고 납기도 빈번히 늦어지게 된다. 비용을 삭감하면, 납기는 맞추더라도 품질이 떨어지게 된다. 일을 하기 위해서는 모두 중요한 요소들이지만 3가지 요소에는 우선순위가 있다. 최우선으로 삼아야 할 것은 Q(품질)이며, 다음이 C(비용), 마지막이 D(납기)이다. 비용과 납기를 만족해도 제품과 서비스의 질이 낮으면 아무 의미가 없다.

꼭 알아두기! QCD란?

Quality(품질) ·············· 제품·서비스 품질
Cost(비용) ·············· 연구·생산·판매·관리 코스트
Delivery(납기) ·············· 납기, 스피드, 타이밍

반드시 알아야 하는 업무의 기본

비즈니스 세계에서는 품질, 가격, 납기, 이 3요소는 모든 것의
기본이며 특히 3요소 중 품질은 가장 중요하다.

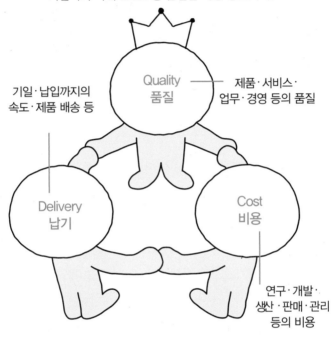

기일·납입까지의
속도·제품 배송 등

Quality
품질

제품·서비스·
업무·경영 등의 품질

Delivery
납기

Cost
비용

연구·개발·
생산·판매·관리
등의 비용

QCD의 다양한 종류

QCD는 모든 것의 기본이며 다음의 요소가 추가되기도 한다.

QCD

+제품(Product)=QCD+P

+디자인(Design)=QCD+D

+서비스(Service)=QCD+S

+스피드(Speed)=QCD+S

+환경(Environment)
=QCD+E

+안전(Safety)=QCD+S

+도덕(Moral)=QCD+M

매니지먼트 | 추상적인 사물을 구체적으로 분해하기

03 | 5W1H

사업전략을 세울 때 없어서는 안 될 프레임워크

영어 수업에서 들은 기억이 있는 사람도 많을 법한 5W1H는 'Who(누가)', 'Where(어디서)', '무엇을(What)', 'When(언제)', 'Why(왜)', 'How(어떻게)'를 정리한 말이다. 비즈니스 현장에서는 계획을 세울 때나 요건을 정의할 때 등에 쓰이는 사고방법이다.

막연한 이미지나 애매하게 보이는 현상에서도 '누가', '언제', '어디서', '무엇을', '왜', '어떻게'의 6요소로 분해하면, 해야 할 일이 구체적으로 보인다. 5W1H는 추상적인 현상을 구체적으로 풀어내고, 목표달성을 위해 선택해야 할 수단과 방법을 끌어내기 위한 사고법이다. 또, 고객은 물론 상사·동료·부하와도 5W1H를 토대로 정보를 공유하면 전달이 훨씬 수월해진다.

꼭 알아두기! > **5W1H**

Who(누가), Where(어디서), What(무엇을), When(언제), Why(왜), How(어떻게)를 의식하면 사업전략 계획에도 유용하다.

애매한 것을 구체화하는 5W 1H

누가(Who)·어디서(Where)·무엇을(What)·언제(When)·왜
(Why)·어떻게(How)의 '5W1H'로 구체성의 결여를 막을 수 있다.

5W 1H는 계획 세우기의 기초

5W1H는 계획을 세울 때 중요한 기초이며, 정보공유가 쉬워지고
전달할 때 누락을 방지할 수 있다.

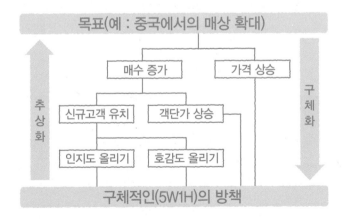

매니지먼트 ｜ 업무를 방해하는 비효율 요소

04 | 불합리, 불필요, 불균형 (3M)

반드시 나오게 되는 3M을 특정·개선하기

일의 문제는 불합리(MURI), 불필요(MUDA), 불균형(MURA) 안에 숨어 있다. 각각의 로마글자를 따서 '3M'으로 불리는 이 용어는 업무의 문제점을 찾기 위한 키워드로 많이 사용한다.

'MURI(무리, 불합리)'는 업무의 목표달성에 필요한 경영자원이 누가 봐도 부족한 상태를 말한다. 프로세스 어딘가에 과부하가 걸려있기 때문에 언젠가는 파탄을 맞이할 위험이 있다. 'MUDA(불필요)'는 그 반대로 목표달성에 필요한 경영자원이 남는 상황을 말한다. 업무 자체는 달성했지만, 중요한 자원을 낭비해서 경영 효율은 안 좋은 상태이다. 세 번째인 'MURA(불균형)'는 과부하와 불필요 사이에 나타나는 상황을 말한다. 모두 비효율적이며, 특정해서 업무 개선에 활용할 필요가 있다.

꼭 알아두기! ▷ 3M이란?

MURI(불합리) ··············	목표에 도달하기 어려운 과도한 업무부하
MUDA(불필요) ··············	경영자원이 과다하게 있는 상태
MURA(불균형) ··············	'불합리'와 '불필요'가 혼재한 상태

3M과 일어날 수 있는 일

3M이란 불합리(MURI)·불필요(MUDA)·불균형(MURA)를 나타낸다. 3M을 명확히 하면 '어떤 일이 일어날지(일어나고 있는지)'를 파악할 수 있어 문제해결의 실마리를 찾을 수 있다.

MURI (불합리)	계획 · 가격 · 품질 · 공정 · 납기 · 능력 · 가격…

MUDA (불필요)	시간 · 장소 · 관리 · 이동 · 조절 · 운반 · 가공 · 과잉…

MURA (불균형)	순서 · 품질 · 시간 · 관리 · 프로세스…

> 직업 부담과 경영자원(예 : 사람)의 밸런스가 좋지 않은 곳을 선정하여 문제 해결하기

➡ 업무개선의 기본 프레임워크 중의 하나

매니지먼트 | 일본발 직장관리 매니지먼트

05 | 5S

직장환경을 정리하기 위해 필요한 슬로건

'정리(SEIRI)', '정돈(SEITON)', '청소(SEISOU)', '청결(SEIKETSU)', '예절 (SHITSUKE)'의 로마자를 따서 '5S'라 불리는 것은, 일본에서 탄생한 글로벌 스탠더드의 몇 안 되는 사례 중 하나이다. 원래는 제조업 현장에서 품질개선활동의 일환으로 사용하던 슬로건이었지만, 지금은 여러 종류의 직장환경 개선의 슬로건으로 사용되고 있다.

특히 중요한 것은 다음의 3가지 S이다. 3S는 불필요한 것을 버리는 '정리 (SEIRI)', 필요한 것을 바로 사용할 수 있도록 하는 '정돈(SEITON)', 주변을 깨끗이 해두는 '청소(SEISOU)'를 가리킨다. 이 세 가지를 실천하면 직장은 자연히 '청결(SEIKETU)'한 상태를 지킬 수 있다. 또, 정해진 순서와 룰을 바르게 지키는 습관을 몸에 새기는 일은 사원의 윤리의식과 도덕정신을 향상시키는 '예절(SHITSUKE)'과도 이어져, 3S를 철저하게 지키면 5S로 자연히 이어지게 된다.

꼭 알아두기! 〉 **5S란?**

정리 · 정돈 · 청소 · 청결 · 예절
5가지 'S'를 실천하는 것이 직장환경 개선 · 정비로 이어진다.

직장 매니지먼트에 필요한 5요소

직장의 환경과 자신의 업무 효율을 개선하는
정리·정돈·청소·청결·예절의 5요소를 '5S'라고 한다

① 정리
Seiri
불필요한 것은 버리고 사용할 것은 따로 보관한다.

② 정돈
Seiton
사용해야 할 것이 있을 때 바로 사용할 수 있도록 둔다.

③ 청소
Seisou
책상 등 자기 주변이나 직장을 깨끗이 한다.

청결한 상태

④ 청결
Seiketsu
정리·정돈·청소(3S)를 유지한다.

위의 사항을 유지

⑤ 예절
Shitsuke
회사의 룰이나 올바른 업무 순서를 습관화한다.

자발적 행동

3S(정리·정돈·청소)의 실천이
5S 실현으로 이어짐

매니지먼트 | 회의를 시작하기 전에 반드시 해야 할 일

06 OARR

4가지 합의로 결실 있는 회의하기

질질 끄는 논의로 아무 결론도 나오지 않는 회의는 시간만 아까울 뿐이다. 이를 피하고 회의를 적절히 운영하기 위해서는 'OARR'의 4가지 포인트를 짚고 넘어갈 필요가 있다.

첫 번째로 '목표성과(Outcome)'이다. 이 회의에서 무엇을 결정할 건지, 목표가 무엇인지를 결정한다. 두 번째는 그러기 위해 무슨 이야기를 나눠야 하는지 논점 정리, 즉 '토론항목(Agenda)'을 정하는 것이다. 세 번째는 회의를 원만하게 진행하기 위해 누가 진행을 하고 기록을 할 것인지에 대한 '역할분담(Role)'이다. 그리고 마지막으로 참가자 전원이 지켜야 할 '회의규칙(Rule)'이다. 이 앞 글자를 모은 OARR의 원칙을 합의·공유하면 회의에서 결론을 이끌어내기 쉬워진다.

꼭 알아두기! ▷ **OARR이란?**

목표성과(Outcome), 토론항목(Agenda), 역할분담(Role), 회의규칙(Rule)의 4가지 앞 글자를 딴 적절한 회의운영을 위한 원칙.

회의 운영의 4가지 포인트

회의 전에 목표성과 · 토론항목 · 역할분담 · 회의규칙을
정해두는 것이 중요하다.

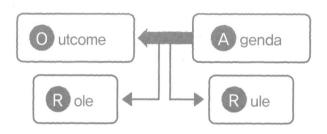

Outcome	목표성과(골) 회의에서 얻고자 하는 것(결론)
Agenda	토론항목(골까지 정해야 하는 것) 회의에서 말하고자 하는 검토항목 · 의제
Role	역할분담 진행자나 기록자 등 진행에 필요한 역할
Rule	회의규칙 회의 참가자가 지켜야 할 룰(비판 금지 등)

시간을 낭비하지 않는
회의 및 매니지먼트에 필수

매니지먼트 | 자신의 생각을 효과적으로 전하기 위한 기술

07 PREP

상대가 알고 싶어 하는 것을 먼저 말하기

많은 사람이 일하는 조직에서는 서로의 생각을 올바르게 전달하는 것이 중요하다. PREP는 직장에서 자신의 의견을 타인에게 알기 쉽게 전하는 데 유효한 테크닉이다. 구조는 심플하다. '요점(Point)'과 그 '이유(Reason)', '뒷받침해 줄 사례(Example)', 마지막으로 '결론(Point)'의 순서대로 말하기만 하면 된다.

구체적으로 말하면, '저는 ○△해야 한다고 생각한다'라는 의견의 요점, 즉 결론을 먼저 말해 일단 시간낭비를 방지하고, 다음으로 '왜냐하면'의 근거를 구체적으로 말한다. 결론을 먼저 전달하면 상대도 이해하기 쉬워진다. 그리고 '예를 들면~'이라고 사례를 들면 설득력이 높아지고, 마지막으로 다시 결론을 정리하면 이야기가 논리적이고 알기 쉬워진다.

꼭 알아두기! **PREP란?**

요점(Point)의 이유(Reason), 사례(Example), 결론(Point)의 순서로 의견을 전달하는 PREP법을 사용하면, 이야기가 논리적이고 이해하기 쉬워진다.

상대에게 전달하기 위한 논리적인 4 STEP

상대와의 대화에서 자신의 의사를 확실히 전달하기 위해서는,
요점 → 이유 → 사례 → 결론의 순서대로 전달하면 논리적이고
이해하기 쉬워진다.

| STEP 1 | Point / 요점 |

무엇을 말하고 싶은지 결론을 먼저 이야기한다.

| STEP 2 | Reason / 이유 |

그것은 왜인지 이유나 근거를 제시한다.

| STEP 3 | Example / 사례 |

데이터 등의 예를 들어 보충설명을 한다.

| STEP 4 | Point / 결론 |

마지막으로 요점을 다시 짚어 결론을 전달한다.

결론을 먼저 이야기 하면 상대에게
더 잘 전달할 수 있고 시간낭비도 피할 수 있음

매니지먼트 | 1건의 대사고 뒤에 숨어있는 것

08 | 하인리히 법칙

트러블을 미연에 방지하기

'1건의 중대한 사건 배경에는 29건의 경미한 사고와 300건의 이상 징후가 존재한다'. 발견자의 이름을 딴 '하인리히 법칙'을 요약한 내용이다.

중대 사고를 방지하기 위해서는, 그 사고에만 주목하는 것은 불충분하며 경미한 트러블을 줄이면 결과적으로 중대한 사고도 미연에 방지할 수 있다.

흔히 '히야리·하토* 법칙'으로 불리는 것인데, 3H로 불리는 '첫 작업(HAJIMEMASITE)', '오랜만의 작업(HISASIBURI)', '순서 변경(HENKOU)'의 상황에서는 특히 트러블이나 사고가 일어나기 쉽다. 내재된 300건의 '이상 징후'를 얼마나 줄이느냐가 사고방지의 포인트다.

• 히야리·하토*: 놀라서 가슴을 쓸어내리거나 식은땀이 날 정도의 큰일날 뻔한 상황의 이상 징후(역주)

> 꼭 알아두기! **하인리히 법칙**
>
> '1건의 중대한 사고의 배경에는, 29건의 경미한 사고와 300건의 이상(異常)이 존재한다'라는 경험을 근거로 한 사고방지의 철칙.

이상 징후 뒤에 발생하는 중대 사고

큰 사고가 일어나기 전에 '아차 싶은 상황의 이상 징후'가 300건은 있다고 보고되고 있다. 이런 '아차 싶은 상황의 이상 징후'를 없애는 것이야말로 사고를 미연에 방지하는 특효약이다.

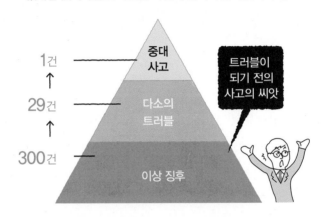

중대 사고(인시던트)를 줄이는 방법

중대 사고를 줄이기 위해 다음을 주의하자.

SHEL로 중대사고 요인분석

Software(소프트웨어)
정해진 방법이 없다 등

Hardware(하드웨어)
노동환경이 안 좋다 등

Environment(환경)
도구(기회)에 문제가 있다 등

Liveware(사람)
인위적인 실수 등

3H 에도 주의

처음(HAJIMEMASITE)

오랜만(HISASIBURI)

변경(HENKOU)

매니지먼트

현장에 가서 현물을 보고 현실을 알기

09 | 3현주의

3가지 '현'으로 본질을 잡기

'탁상공론'이라는 말의 반대 개념이 바로 '3현주의'이다. 여기서 3가지 '현'이란 현장, 현물, 현실을 가리킨다. 어떤 문제나 사건이 일어났을 때 그 원인을 규명하기 위해서는 '현장'에 발을 옮겨 그 배경에 있는 것이나 분위기를 알고 나아가 '현물'을 손으로 만지고 눈으로 확인해서 문제에 관한 현상을 피부로 느낀다. 그 위에 무엇이 어떻게 일어난 것인지 '현실'을 바르게 이해한다. 이 3가지의 '현'이 일어난 문제의 진상 규명과 재발 방지로 이어진다.

단편적인 정보를 가지고 마음대로 추정하거나 억측하여 판단하면 본질적인 문제 해결은 할 수 없다. 비즈니스 현장에서 해결책을 논할 때에는 '3현주의'를 항상 명심해야 한다.

꼭 알아두기! **3현이란?**

현장 ·············· 문제 및 사고가 발생하는 현장에 가본다.
현물 ·············· 실제로 눈으로 보고 손으로 만져 확인한다.
현실 ·············· 어떤 일이 일어났는지 문제의 본질을 파악한다

3현주의로 문제를 명확화하기

문제가 발생했을 때,
현장에 가서 직접 보고 들으면 상황을 해결대책을 세우는 데
걸리는 시간도 짧아진다.

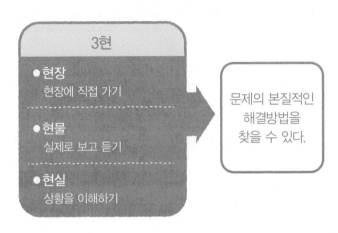

3현

● 현장
현장에 직접 가기

● 현물
실제로 보고 듣기

● 현실
상황을 이해하기

문제의 본질적인
해결방법을
찾을 수 있다.

해결 방법의 예(주의)

문제 해결 방침으로 다음과 같은 것도 있다.

3즉주의	3철주의
즉시	철두
즉좌	철미
즉응	철저

5현주의란
3현주의에 원칙 · 원리를 추가한 것

매니지먼트 | 업무효율화에 유효한 프로세스

10 | ECRS

업무 개선에 도움이 되는 4가지 원칙

업무 효율화에는 4가지 원칙과 순서가 있다. 그 첫 번째로 불필요한 것을 '배제(Eliminate)'한다. 이것이 어려울 경우는 중복된 기능을 일원화하거나 흩어져 있는 것을 정리하는 '통합(Combine)'을 통해 접근해 본다. 또 일의 순서를 '변경(Rearrange)'하거나 시간이나 장소, 담당자를 변경하는 것도 효과적인 결과를 내기도 한다. 그리고 마지막으로 가장 간단한 방법으로 같은 결과를 낼 수는 없을지, 즉 일의 '간소화(Simplify)'의 여지를 검토한다.

이 앞글자를 딴 ECRS의 사고법은 개선 효과가 높은 순서대로 되어 있어 아이디어를 낼 때도 이 순서에 따라 실시하면 효율적이다.

꼭 알아두기! ECRS란?

Eliminate(불필요한 업무 배제), Combine(비슷한 일과 통합), Rearrange(담당자나 방법 변경), Simplify(간소화)로 이루어진 업무 효율화를 위한 4원칙이다.

업무 개선의 4가지 원칙

업무수행에서 불필요한 일을 없애고 싶을 때는 제거하기·
통합하기·교체하기·간소화하기의 4가지 원칙에 주목하면
좋은 개선책을 찾을 수 있다.

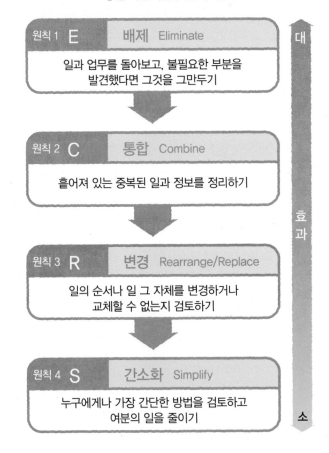

원칙 1 **E** 배제 Eliminate

일과 업무를 돌아보고, 불필요한 부분을
발견했다면 그것을 그만두기

원칙 2 **C** 통합 Combine

흩어져 있는 중복된 일과 정보를 정리하기

원칙 3 **R** 변경 Rearrange/Replace

일의 순서나 일 그 자체를 변경하거나
교체할 수 없는지 검토하기

원칙 4 **S** 간소화 Simplify

누구에게나 가장 간단한 방법을 검토하고
여분의 일을 줄이기

대 / 효과 / 소

효과가 높은 순서대로 해결책을 고안

매니지먼트   팀의 목표를 어디에 두어야 하는가

11 | SMART

바람직한 목표를 위한 5가지 조건

조직, 또는 부서나 팀의 목표를 어느 레벨로 설정할지는 어려운 문제다. 너무 높으면 의욕이 사라지고, 너무 낮으면 팀의 역량을 끌어내지 못하므로, 개개인의 성장도 기대할 수 없다. 이런 목표설정의 고민에 대응하는 것이 SMART(스마트) 프레임워크이다.

적절하고 이해할 만한 목표를 설정하기 위해서는 '기준보다 조금 높은 (Stretch)', '성과가 측정 가능한(Measurable)', '달성 가능한(Achievable)', '현실적인(Realistic)', '기한이 정해져 있는(Time-related)'이라는 5가지 조건을 만족시키는 것이 중요하다. 이 포인트를 조직 전원이 공유하고 실천하면 목표달성을 위한 동기부여도 올라가게 되며, 결과적으로 조직강화로 이어지게 된다.

꼭 알아두기!   **SMART 법칙이란?**

목표를 달성을 위한 바람직한 5가지 포인트. 기준보다 조금 높은 (Stretch), 측정 가능한(Measurable), 달성 가능한(Achievable), 현실적인 (Realistic), 기한이 정해져 있는(Time-related) 을 뜻하는 단어의 앞글자 S를 딴 법칙이다.

적절한 조직 목표 설정하기

조직의 목표를 정할 때는 현실보다 조금 높은 목표, 측정 가능한 성과, 달성 가능한 방법, 현실성, 정해진 기한이 있는지가 중요하다.

S Stretch   Specific、Simple

조금 높은 목표치…현실보다 조금 위를 목표로 삼음

M Measurable

측정가능한 성과…성과가 수치 등으로 알 수 있어야 함

A Achievable   Attainable、Agree on、Action-based…

달성가능…구체적인 달성 방법이 있음

R Realistic   Reasonable、Relevant、Result-based…

현실적…실천 가능한 실무 내용

T Time-related

기한…적정한 기한 설정

공통의 적절한 골(목표)을
세우면 조직원의 역량을 끌어낼 수 있음

매니지먼트   일의 회전을 위한 기본 사이클

12 | PDCA

일의 방법을 지속적으로 개선하기

조직경영에 있어 모든 업무의 기본이며, '최강의 프레임워크'라 평가받는 것이 바로 PDCA이다.

기업이 행하는 모든 활동을 '계획(Plan)', '실행(Do)', '검증(Check)', '개선(Action)'의 관점에서 관리하면, 전략과 목표관리를 적절히 실행할 수 있다.

직무와 조직, 계층에 상관없이 간단하게 응용할 수 있어서 최근에는 조금 틀린 해석도 나오고 있지만, 이 사이클은 한 번에 끝나는 것이 아니라는 점에서 주의가 필요하다.

가장 중요한 것은 계획·실행·검증·개선의 작업을 몇 번이고 반복하는 것이다. 일련의 사이클이 끝난 시점에서 수정할 사항을 찾고, 그에 알맞은 대응책을 실행하여 다음 사이클로 이동한다. 항상 수정할 사항을 찾아 피드백을 하고 재계획을 세울 때 비로소 효과가 나타난다.

꼭 알아두기! **PDCA란?**

계획(Plan), 실행(Do), 검증(Check), 개선(Action)의 사이클을 반복하여 업무 방법을 지속적으로 개선하는 접근방법을 말한다.

PDCA 사이클로 지속적인 업무개선

일정 기간에 업무개선의 목표를 추진하는 PDCA는
업무 전체에서 개인까지 넓은 범위에서 다양하게 활용할 수 있다.

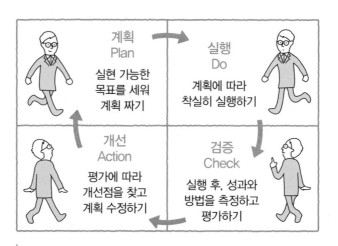

PDCA가 실패하는 이유

P ● 목표와 방침이 애매함   ● 계획이 엉성함   ● 구체성이 없음

D ● 실천하지 않음   ● 도중에 그만둠

C ● 평가기준이 애매함   ● 평가를 하지 않음

A ● 개선안을 내지 않음   ● 계획에 반영하지 않음

각 프로세스를 계획대로 실행하여
다음 사이클에 개선점을 반영

매니지먼트 | 회고의 중요성을 확인하기

13 KPT

업무 브러시업(보완)하기

KPT란 업무 개선에 필요한 '회고'의 프레임워크이다. 먼저 업무나 활동에서 '지속해야 할 사항(Keep)'을 뽑아내고, 다음으로 '향후 개선이 필요한 문제점 (Problem)'을 뽑는다. 마지막으로 지속해야 할 사항은 더 좋은 방법으로 개선 하고 문제점에 대한 대책을 논한 뒤, '새로운 방안(Try)'을 검토한다. 이 일련의 프로세스를 통해 업무를 개선할 수 있다.

KPT의 장점은 개선할 필요가 있는 포인트가 어딘지, 또 효과가 나타나는 포인트는 어딘지가 명확하다는 점이다. 따라서 업무나 활동내용을 효과적으로 보완할 수 있다. 프로젝트를 원활하게 진행할 때나 새로운 무언가를 배울 때도 응용 가능하다.

꼭 알아두기! ▷ KPT란?

Keep(유지해야 할 사항)과 Problem(문제점)을 찾아내고 개선책을 반영 한 Try(새로운 방법)를 모색하는 프레임워크.

업무를 돌아보는 습관으로 업무 효율 높이기

종료된 업무를 논할 때, 앞으로도 계속해야 할 사항(Keep),
문제점(Problem), 도전해볼 만한 사항(Try) 이 3가지에
관해 이야기를 나눈다.

● 전시회에서 신규고객 유치하기

Keep
● 명함을 교환한 대상에게 연락
● 다음 전시회 예약
● 자료 · 전시품 준비

Try
● 사전 신청으로 할인 혜택
● 전시 부스 위치 선택
● 전시 부스 확대
● 자료 사전 송부
● 대응 스탭 외주화
● 전시품 보완
● 증정품 준비

Problem
● 자료가 부족했다.
● 전시품 종류가 적었다.
● 대응 인원이 부족했다.
● 이벤트 경험 부족

문제점에 대한 대책과 새로운 방안을 세워
다음 업무에 반영한다.

업무를 돌아보고 논의하는
습관은 업무의 효율을 높임

매니지먼트 | 시간과 자원을 적절히 배분하기

14 | 중요도 / 긴급도 매트릭스

눈앞의 일에 쫓기지 않기 위해

일을 진행할 때 처음으로 할 일은 우선순위를 매기는 것이다. 당장 해야 할 일인지, 시간을 들여서라도 다각적으로 검토할 일인지를 정확히 파악하기 위해 사용하는 것이 중요도/긴급도 매트릭스이다.

'중요도'와 '긴급도' 두 가지 축으로 일을 정리할 때, 가장 우선순위가 높은 것은 '중요도'와 '긴급도'가 모두 높은 업무이다. 위기 대응이나 중요고객의 불만 대처 등 신속히 처리해야 하는 일이 여기에 속한다. 다음으로 중요한 것은 '중요도'가 높고 '긴급도'는 낮은 업무다. 이것은 미래에 대한 대비나 투자가 되는 중요한 업무로 봐야 한다. '중요도'는 낮은데 '긴급도'가 높은 일은 노동과 성과가 서로 맞지 않기 때문에 되도록 줄여야 하며, '중요도', '긴급도'가 둘 다 낮은 업무는 없애야 한다.

꼭 알아두기! ▶ **중요도 / 긴급도 매트릭스란?**

'중요도', '긴급도' 2축을 기준으로 일이나 과제를 분류하고, 우선순위를 매긴 다음 착수해 나가는 기법.

업무별로 우선순위 파악하기

업무·우선도를 파악해두면 그만큼 효율도 오른다. 중요한 건지, 긴급인 건지의 기준으로 업무에 우선순위를 매겨보자.

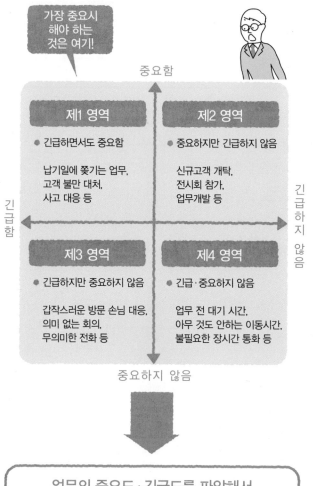

가장 중요시 해야 하는 것은 여기!

중요함

긴급함

긴급하지 않음

제1 영역

- 긴급하면서도 중요함

납기일에 쫓기는 업무, 고객 불만 대처, 사고 대응 등

제2 영역

- 중요하지만 긴급하지 않음

신규고객 개척, 전시회 참가, 업무개발 등

제3 영역

- 긴급하지만 중요하지 않음

갑작스러운 방문 손님 대응, 의미 없는 회의, 무의미한 전화 등

제4 영역

- 긴급·중요하지 않음

업무 전 대기 시간, 아무 것도 안하는 이동시간, 불필요한 장시간 통화 등

중요하지 않음

업무의 중요도·긴급도를 파악해서
적절한 대응을 할 수 있음

매니지먼트 | PDCA 다음으로 등장한 전장에서 시작된 분석 방법

15 OODA

유연한 기동성이 요구되는 시대로

'관찰(Observe)', '상황판단(Orient)', '의사결정(Decide)', '행동(Act)'의 앞글자를 딴 OODA는 미군에서 시작한 비즈니스 분석법이다.

한국 전쟁 항공전에서 지휘관의 의사결정과정을 알기 쉽게 이론화하기 위해 탄생한 것으로 그 유효성이 실증되어 최근에는 비즈니스 분야에서도 쓰이고 있다. 구조로는 먼저 시장과 고객을 잘 관찰하고, 다음으로 관찰결과를 기준으로 상황을 판단하여 방향성을 정한다. 그리고 구체적인 방침을 결정하고, 실행에 옮긴다.

구조는 PDCA와 비슷하지만 변화속도가 빠른 시대에 걸맞는 보다 유연하고 기동성이 높은 목표설정 방법으로 주목받고 있다.

꼭 알아두기! ▷ OODA란?

철저하게 '관찰'에 기반을 둔 유연한 상황판단으로 목표달성을 위한 방침을 빠르게 실행할 수 있는 의사결정 프로세스.

PDCA 보다 빠른 순환

행동패턴을 4단계로 나눈 OODA는 루프형식으로
의사결정과 수정의 속도가 빠른 것이 특징이다.

O 관찰 Observe
'어떤 일이 일어나고 있는지'
관찰

O 상황판단 Orient
'어떻게 움직일 것인지' 방향
검토

D 의사결정 Decide
검토한 결과에 따라 어떻게
행동할 것인지 결정

A 행동 Act
판단에 따라 실행. 그 후는
'관찰'로 다시 돌아감

짧은 사이클로 행동하여 타의 추종을
불허하는 결과를 낼 수 있음

매니지먼트 | 고객을 설득하기 위한 효과적인 스킬

16 | FABE

장점을 얼마나 효과적으로 전달할 것인가

FABE는 '특징(Feature)', '이점(Advantage)', '편익(Benefit)', '증거(Evidence)'의 앞글자를 딴 프레임워크로 고객에게 프레젠테이션하는 경우나 설득력 있게 설명하고 싶을 때 유용한 기법이다.

상대에게 추천하고 싶은 것이나 설득하고 싶은 사항이 있는 경우, 먼저 특징이나 새로운 기능, 다른 곳에는 없는 점을 설명한다. 다음으로 그것의 특징이 상대에게 어떤 이점이 있는지를 설명한다. 그리고 그 이점이 어떤 편익이나 이익을 가져다주는지에 대해서 설명한다. 마지막으로 데이터나 조사결과 등의 증거를 덧붙여 마무리한다.

F→A→B→E 순으로 설명을 해나가는 FABE 대화법을 익히면 영업이나 프레젠테이션을 효과적으로 해낼 수 있다.

꼭 알아두기! ▶ **FABE란?**

특징(Feature) → 이점(Advantage) → 편익(Benefit) → 증거(Evidence) 순으로 이야기를 전개해서 상대의 흥미를 유발하고 설득력을 높이는 기법.

상대를 설득하는 기술

교섭 등 상대를 설득해야 하는 비즈니스 종사자의
필수 대화법이다.

설득의 4스텝

STEP **1**　　**특징**　Feature

상대가 매력을 느낄 만한 기능이나 독창성을 예로 들기

STEP **2**　　**이점**　Advantage

상대가 얻을 구체적인 이점을 전달하기

STEP **3**　　**편익**　Benefit

상대가 얻은 이점이 어떤 편익이나 이점을 주는지 설명하기

STEP **4**　　**증거**　Evidence

조사결과 등 데이터로 신빙성을 추가하기

4가지 스텝을 지키면 설득력을 높일 수 있음

매니지먼트 　감정과 논리로 상대의 마음을 움직이기

17 | 설득의 3층 구조

감정·규범·이득의 레버를 당기기

교섭이나 설득을 하려면 상대의 마음을 움직이는 데 필요한 3가지 요소를 의식한 행동이 필요하다.

첫째로 상대를 설득 테이블로 데려오는 것이다. 상대의 기분이 상하지 않게 '이야기라도 들어보자'라는 기분(감정)이 들게 하는 것이 대전제이다. 그리고 세간의 가치관이나 대의와 같은 규범을 예로 들면서, 합리적인 시점에서 의견을 전달하여 가치관에 호소한다. 마지막으로, 상대에게 돌아가는 이익을 충분히 전달하면 성공에 도달할 수 있다. 이 '감정', '규범', '이득'의 3요소는 설득을 위해 주의해야 할 점이기도 하며, 이 계층구조를 '설득의 3층 구조'라 부른다.

효과적인 교섭은 감정 또는 논리만으로는 절대 성립하지 않는다.

꼭 알아두기! ▷ **설득의 3층 구조란?**

교섭이나 설득의 장면에서 감정, 규범, 이득의 3요소를 분석, 전개하면 상대측이 충분히 이해할 만한 결과를 가져오기 쉽다.

설득에 필요한 3가지 요소

설득하고자 할 때는, 상대를 움직이는 데 필요한 3가지 요소를
파악하여 적절하게 흐름을 이끌어나가야 한다.

설득의 3층 구조

흐름

**요소 1
감정**

이야기를 들어볼 기분이 들게끔 한다.

상대의 기분을 상하게 하지 않은
상태에서 교섭 스타트

**요소 2
규범**

정론으로 윤리관에 호소한다.

대의나 사회적 가치관 등
공감을 얻을 만한 내용으로 설득

**요소 3
이득**

이해득실을 상대에게 명시한다.

이익을 상대에게
명확하게 제시하여 설명

설득

설득은 상대의 '감정'을 정돈하고
'중요시하는 것'을 제시하는 것

매니지먼트 | 사람의 감정에 영향을 주는 5가지 욕구

18 | 5가지 핵심적 욕구

상대의 자존심을 배려하는 것의 중요성

설득이나 교섭에서는 논리, 합리성을 내세우기 전에 감정을 배려하는 것이 중요하다. '하버드류 교섭술'로 알려진 로저·피셔는 5가지 핵심적 욕구가 상대의 감정에 영향을 끼친다고 주장한다.

그 5가지는 '자신의 생각이나 행동에 가치를 인정받고 있는지(가치이해)', '동료로 생각되고 있는지(연결)', '의사결정의 자유가 존중되고 있는지(자율성)', '자신의 위치가 알맞다고 인정받고 있는지(상황)', '일이나 활동에 만족하고 있는지(역할)'이다. 이 욕구들이 채워지지 않는 한, 상대는 웬만해선 설득에 나서려고 하지 않을 것이다.

5가지 핵심적 욕구를 배려하는 것은 설득이나 프레젠테이션과정에서는 불가결한 요소이다.

꼭 알아두기! ▷ **5가지 핵심적 욕구란?**

가치이해, 연결, 자율성, 상황, 역할과 같은 상대방의 5가지 욕구를 만족시키면 원만한 교섭이나 설득으로 이어질 수 있다.

상대의 감정을 이해하는 것이 설득의 열쇠

교섭이나 설득을 할 때는
상대의 감정을 좌우하는
5가지 욕구를 만족시키는 것이 중요하다.

핵심적인 5가지 욕구

❶ 가치이해 /Appreciation

불만 ◀ 행동이나 사고가 이해받고 있는가? ▶ 만족

❷ 연결/Affiliation

불만 ◀ 동료로서 인식되고 있는가? ▶ 만족

❸ 자율성/Autonomy

불만 ◀ 의사가 존중받고 있는가? ▶ 만족

❹ 상황/Status

불만 ◀ 입장이 적절하게 인정받고 있는가? ▶ 만족

❺ 역할/Role

불만 ◀ 업무를 평가받고 있는가? ▶ 만족

출전: 로저 피셔, 다니엘 사피로 저
『신 하버드 교섭기술 감정을 흔들어라』 가필, 수정

> '현재 상황에 대한 만족도'의 개선은
> 설득에 응할 수 있는 토대를 만들어짐

매니지먼트   이해(利害)관계를 가시화해서 정리하기

19 | 이해관계자 맵

교섭을 원활하게 진행하기 위해서

이해관계자란 이해(利害)나 행동이 직접적·간접적으로 연결된 관계자를 말한다. 교섭이나 설득을 시도할 때는 주요 이해관계자를 추려내고 각각의 특성이나 관계성을 맵핑하는 것이 교섭을 원활하게 진행하는 포인트가 된다.

자사 서비스 영업을 예로 들면, '영업 상대는 전임자와 어떤 관계였는지', '최종결정권을 가진 사람은 영업 상대인지, 아니면 그 상사인지', '다른 주요 인물은 누구인지', '플러스로 작용할 만한 배경이나 연결고리는 없는지' 이러한 여러 정보를 정리해서 이해관계를 맵핑(시각화)하면 타결할 만한 힌트가 보이고, 서로가 납득할 수 있는 결론을 얻을 수 있다.

꼭 알아두기! ⟩ 이해관계자 맵이란?

교섭이나 설득을 할 때 주요한 이해관계자를 정리하여 각각의 특성이나 관계성을 정리하는 기법.

교섭은 주요 이해관계자 파악이 우선

눈앞의 상대뿐 아니라 이해(利害)가 얽혀 있는 관계자가 있다는
것을 이해하고 행동하면 교섭의 타결점을 쉽게 찾을 수 있다.

이해관계자 맵의 예

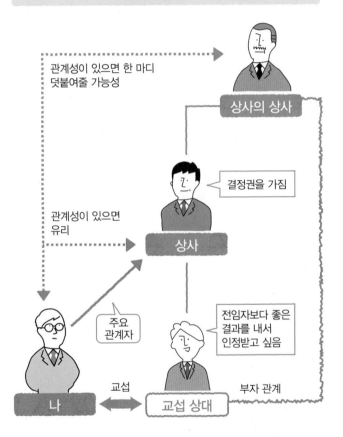

관계성이 있으면 한 마디
덧붙여줄 가능성

상사의 상사

결정권을 가짐

관계성이 있으면
유리

상사

주요
관계자

전임자보다 좋은
결과를 내서
인정받고 싶음

나

교섭

교섭 상대

부자 관계

교섭 상대의 배경을 시각화해서 주요 이해관계자에게
어떻게 접근할 것인지도 고려하기

20 PRAM

서로가 만족할 만한 교섭 비결

상품이나 서비스를 제공하는 쪽과 받는 쪽, 서로가 만족할 때 비로소 협상이 성공했다고 볼 수 있다. PRAM은 서로가 만족할 수 있는 협상에 필요한 4가지 요소로 구성된 사이클이다.

먼저 협상 프로세스 전체를 파악하기 위한 '계획(Planning)'을 세우고, 다음으로 협조적으로 이야기를 나누기 위한 관계성의 토대가 되는 '관계(Relation)'를 만든다. 그리고 '합의형성(Agreement)'을 위한 토론을 거쳐, 앞으로도 우호 관계를 '유지(Maintenance)'하여 합의사항이 실행되는 것을 지켜본다.

이 사이클이 반복되면 상호 간에 신뢰 관계가 생기고 Win-Win 관계로 협상 만족도도 올라간다. 이 프레임워크의 목표는 이기고 지는 것이 아니라 이해(利害)의 끝에 있는 신뢰를 다지는 데 있다.

꼭 알아두기! ▷ **PRAM이란?**

계획(Planning), 관계형성(Relation), 합의형성(Agreement), 유지(Maintenance)의 사이클을 통해 교섭을 원활하게 진행할 수 있다.

원활한 협상에 중요한 관계성

협상할 때는 그 후의 관계성까지 고려해야 한다.

이상적인 협상 프로세스

P Planning / 계획

협상으로 자사가 얻을 이익을 그려보기

R Relation / 관계

이야기를 협조적으로 진행하여 관계를 돈독히 하기

A Agreement / 합의형성

서로 납득할 만한 타결점 찾기

M Maintenance / 유지

다음에도 협상할 수 있도록 우호 관계를 유지

계속 이어가고 싶은
관계가 베스트!!

Win–Win 관계가 형성되면
다음 협상도 원활히 진행할 수 있음

매니지먼트 | 구조를 간파하여 원인을 밝히기

21 | 인과관계 분석

원인과 결과를 풀어내어 해결에 도움을 주기

'스마트폰을 장시간 보면 시력이 떨어진다'는 주장처럼 현상에는 원인과 결과가 존재한다. '인과관계 분석'은 문제의 원인이 된 현상이나 구조의 원인을 간파하여 문제 해결에 활용하는 기법이다.

하지만 비즈니스에서 인과관계는 서두에서 든 예처럼 단순하지 않다. 또, 여러 이해가 얽혀 보이지 않는 요소가 관련된 경우도 많다. 이를 이해하고 인과관계 포인트를 짚어보자면 다음의 2가지로 추려낼 수 있다. 먼저 현상을 관찰한 후에 대략의 '전체상'을 스케치한다. 그리고 그 위에 세세한 요소가 어떤 '관계성'이 있는지를 찾아내서 최종적으로 중요한 것을 유출해 낸다. 인과관계도를 그리면 요소 간의 관계와 중요한 구조를 알 수 있다.

꼭 알아두기! **인과관계 분석이란?**

어떤 문제에 대해 포착된 현상을 기점으로 그 원인을 도출하고 인과관계의 구조를 간파하여 문제 해결을 끌어내는 분석법.

인과관계를 바르게 풀어내기

어느 2가지 현상의 관계를 이해하기 위해서는 원인과 결과의
관계에 있는지 주목한다.

3가지 인과관계

❶ 단순한 인과관계

'저녁, 갑자기 비가 왔다' ➡ '저녁 우산 매출 증가'

- -

A란 일로 B의 결과가 초래된
확실한 원인과 결과의 관계

❷ 단순하지 않은 인과관계

'화제의 가게로 북적거림' ➡ '취재 문의가 쇄도'

- -

화제를 모으고 있어서 취재가 쇄도하는 건지, 취재가 쇄도해서
화제의 가게가 된 것인지, 어느 쪽으로도 볼 수 있는 인과관계

❸ 겉보기만 인과관계

'팥빙수가 인기다' '에어컨이 상승세다'

- -

매상만 보면 둘 다 상승세의 결과라도 '기온'이 원인인
것 외에 둘 사이가 인과관계인 것은 아니다.

2축의 매트릭스로 했을 때
항목으로 성립하지 않는 것은 거짓임

AI 실업시대란?

책임은 무겁고 급여는 낮은 '새로운 정규직 사원'

AI의 진화로 인해 'AI 실업' 전야로 불리는 일본이지만, 고용자 수는 일관되게 늘어나고 있다. 여성 취업자 수가 늘어나거나 정년 연령이 높아진 것이 그 이유다.

반면 최근 직장에서는 시스템 발달로 인한 자동화가 일어나고 있다. 이로 인해 예전에는 정규직 사원이 자신의 경험을 토대로 판단했던 업무를 아르바이트도 할 수 있게 되었으며, 정사원의 업무는 더 고도의 업무로 이동하게 되었다. 예를 들면, 시스템화하기 위한 비즈니스의 승리 패턴 설계나 패턴의 보급 방법 고안, 고도화에 필요한 매니지먼트 등의 업무로 책임도 무거워지고 있다. 하지만 정규직 사원의 급여 수준은 올라가지 않고 낮아지는 경향이 있어, 이렇게 책임은 점점 무거워져도 월급은 낮은 정규직 사원이 계속 나오게 되는 것이다.

제 5 장

조직개발
프레임워크

회사 전체 이념을 공유하고 높은 동기부여로 업무를 수행하면 기업이나 조직은 역량을 충분히 발휘할 수 있다. 조직개발 프레임워크에서는 조직개발을 위해 벡터를 맞추는 방법부터 변화·변혁을 진행하는 방법까지 모두 모아놓았다.

조직개발 | 경영자원에서 경영 운영을 생각하다

01 | 7S 분석

7가지 S 요소 알아보기

7S는 매킨지 앤 컴퍼니가 개발한 프레임워크로 조직의 특성과 문제점을 분석할 때 기업이 가진 경영자원을 7가지의 'S'로 표현하고 분석하는 기법이다.

7가지 중에서 소프트한 면은 '조직이 공유하는 가치관·이념(Shared Value)', '조직문화나 생각(Style)', '조직원의 능력이나 사고방식의 특징(Staff)', '조직의 능력(Skill)' 이렇게 4가지다. 하드한 면은 '업적 향상에 필요한 전략(Strategy)', '조직구조(Structure)', '조직운영의 구조(System)' 이 3가지다. 기업은 '가치관'을 중심으로 나머지 6가지가 서로 영향을 주고받으며 유기적으로 연결되어 있다. 7S 분석으로 기업 특성을 분명히 한다면 성장해야 할 점이나 상승효과를 검토해볼 수 있다.

꼭 알아두기! ▶ **7가지 S에 의한 조직 분석**

가치관, 조직문화, 조직원, 조직능력 등 4가지의 소프트한 S와 전략, 조직구조, 조직운영의 구조 등의 3가지 하드한 S로 기업의 경영자원을 분석하여 전략 및 운영에 반영한다.

166

7가지 경영자원의 관계성

기업이 조직과 인재의 역량을 활용해 강점을 발휘하기 위해서는
7가지 S의 조화가 중요하다.

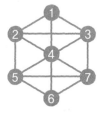

Shared Value
가치관·이념

1

고객제일주의 등
회사 공통의 가치관

Style
조직문화

2

사풍이라 불리는
사내 문화

Staff
조직원

3

능력과 특징을 지닌
인재 그 자체

Skill
조직 능력

4

광고 선전이 탁월함 등
조직으로서의 강점

Strategy
전략

5

수익을 올리기 위해
조직이 나아가야 할
방향성

Structure
조직구조

6

조직을 효율적으로
조직 구성

System
운영 구조

7

인사나 대우 등, 조직을
유지하기 위한 기능

> 7가지 S가 균형적이지 않을 경우,
> 시급히 대책을 세워야 한다

조직개발 | 3가지 요소를 조합하여 기업이념을 책정

02 | MVV (미션 / 비젼 / 밸류)

조직개발의 기반에 반드시 필요한 요소

조직에 아무리 우수한 인재가 모여 있어도 각자의 방향이 다 다르다면 조직의 활성화는 어렵다. 이럴 때는 조직구성원의 방향을 통일할 필요가 있으며, 이를 위해서는 그 기반이 되는 기업이념의 존재가 필요하다. 그것을 구성하는 것이 MVV(미션, 비전, 밸류)의 3가지 요소이다.

'미션(Misson)'이란 조직이 해야 할 사명이나 존재의 이유, '비젼(Vision)'은 미래의 이상향, '밸류(Value)'는 미션과 비전을 위해 조직이 공유하는 가치관 등을 나타낸다. 이를 정확하게 정의한 기업이념을 정하고 조직구성원에게 교육하면 조직은 일체감을 느끼게 되고 활성화된다.

꼭 알아두기! **기업이념을 구성하는 MVV**

Misson(미션) ………… 해야 할 사명
Vision(비젼) ………… 미래의 이상향
Value(밸류) ………… 공유할 가치관

기업이념에 필요한 것

기업이념은 기업 활동을 통해 어떻게 사회공헌을 하고 있는지를
명기하고 동기부여를 올려주는 내용이어야 한다.

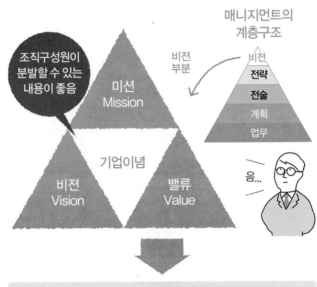

명확한 기업이념은 조직활성화의 3요소 '사람', '구조', '풍토'
형성의 토대가 된다.

사람	구조	풍토
캐리어 향상	조직 설계	긍정적인 근무 자세
동기부여 향상	인사 제도	원활한 커뮤니케이션
능력 향상	의사결정 흐름	직장 내 인간관계

조직 개발 프레임워크

조직개발 | 열려진 창문을 상호이해를 위해 넓히기

03 조하리의 창

마음을 열고 지적을 받아들이기

조셉 루프트와 해리 잉험이 고안한 능력개발 프레임워크가 '조하리의 창'이다. 이것은 자기 자신을 4개의 영역으로 나누고 그것을 4개의 창 '열린 창', '비밀의 창', '보이지 않는 창', '미지의 창'으로 예를 든 것이다. '열린 창'은 자신도 타인도 알고 있는 자신을 가리키며, 능력개발을 위해서는 이 영역을 넓히는 것이 중요하다.

조하리의 창은 자기개시(타인에게 마음을 여는 것)와 타인의 피드백(지적을 받아들이는 일)을 통해 넓혀가는 것으로, 상대가 모르는 나의 모습을 보이고 인지하지 못했던 나의 모습을 상대로부터 배워 성장해나가게 한다.

자기가 넓어지면 상대와의 커뮤니케이션이 원활해지며, 타인과의 상호이해도 깊어진다. 또 그 결과 자신의 능력도 더 발휘하기 수월해 진다.

꼭 알아두기! ▷ **4가지 창문이란?**

열린 창 / 비밀의 창 ···················· 내가 알고 있는 나
보이지 않는 창 / 미지의 창 ·········· 나는 모르는 나

능력개발만이 아닌 이점

타인과 마주하고 지적을 받아들이는 과정에서 결과적으로
상대와의 상호이해가 깊어지는 프레임워크이다.

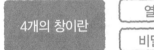

| 4개의 창이란 | 열린 창 | 보이지 않는 창 |
| | 비밀의 창 | 미지의 창 |

	자신	
	알고 있음	모름
타인 — 알고 있음	열린 창 Open Window	보이지 않는 창 Blind Window
		→ 피드백
타인 — 모름	비밀의 창 Hidden Window	미지의 창 Dark Window

자기개시

상호이해가 깊어지는 이유

자기를 드러내는 과정에서 상대의 이해가 깊어지고
서로 그 과정을 겪으면서 이해하게 되기 때문이다.

자기개념이 넓어지고
상대와의 관계도 좋아짐

조직개발 　하위 욕구가 채워지면 상위 욕구가 생겨난다

04 욕구단계이론

단계를 거쳐 자기실현욕구로

　동기부여에 대해 생각할 때 그 바탕이 되는 것이 아브라함 매슬로우의 '욕구단계이론'이다. 욕구에는 단계가 있으며, 밑의 단계의 욕구가 만족되면, 다음 단계의 욕구가 생겨난다는 것이다.

　가장 낮은 단계는 식사나 수면과 같은 생리적 욕구로 모든 동물에게 있다. 생리적 욕구가 채워지면 다음은 안전 욕구, 그 다음은 사회적 욕구, 나아가 자아존중 욕구로 단계가 점점 높아지며 가장 위에는 스스로 이상적이라고 생각하는 자아가 되고 싶은 욕구, 즉 자아실현욕구가 있다.

　욕구가 어느 단계에 있는지는 사람에 따라 다르지만, 본인뿐 아니라 예를 들어 부하의 욕구 단계를 파악해놓으면, 동기부여를 높일 수 있게 지도해줄 수도 있다.

꼭 알아두기! 　욕구의 5단계란?

생리적 욕구, 안전 욕구, 사회적 욕구, 자아존중 욕구, 자아실현 욕구

5단계로 이루어진 사람의 욕구

사람에겐 5단계의 욕구가 있으며 낮은 위치의 욕구를
만족하지 않으면 고차원의 욕구를 추구할 수 없다.
높은 목표를 달성하기 위해서는 낮은 욕구를 만족시키는
것부터 시작할 필요가 있다.

⑤ 자아실현 욕구
④ 자아존중 욕구
③ 사회적 욕구
② 안전 욕구
① 생리적 욕구

① 생리적 욕구

식사나 수면 등
3대 욕구가 대표적임

② 안전 욕구

안전한 환경에서
생활하고 싶어함

③ 사회적 욕구

사회적인 상호작용을
통해 원활한 인간관계를
유지하고 싶어함

④ 자아존중 욕구

주위로부터 인정받고
존중받고 싶어함

⑤ 자아실현 욕구

활약하고 있는지
자각하고 싶어함

낮은 욕구가 채워지면
다음 단계를 목표로 한다(동기부여 상승)

조직개발 | 협력관계 강화를 위한

05 | 원트 / 코미트먼트

기대와 리소스의 충돌

기대하고 있는 사항을 '원트(Want)', 공헌할 수 있는 사항을 '코미트먼트(Commitment)'로 놓는 프레임워크이다. 조직원이 조직과 업무에 무엇을 기대하고, 또 어떻게 공헌할 수 있는지를 공유하면 서로가 원하는 조직의 모습을 명확히 할 수 있다. 또 코미트먼트로 조직 내의 리소스(자원)를 파악하면 조직원 사이의 거리가 줄어들고, 협력 관계를 보다 강화할 수 있는 장점도 있다. 조직원 간의 원트와 코미트먼트가 일치하면 바로 실행이 가능하기도 하고 신규나 기존의 관계없이도 사용이 가능하여 범용성과 유효성이 상당히 뛰어나다.

또한, 개인 대 개인뿐 아니라 각 부서 단위로 원트와 코미트먼트를 들면 회사 전체의 연계성을 높일 수도 있다.

꼭 알아두기! | **원트와 코미트먼트**

<u>원트</u> = 조직에 기대하는 것
<u>코미트먼트</u> = 공헌할 수 있는 것

수요와 공급의 균형 잡기

업무에서 발생하는 수요와 공헌하고 싶은 잠재적인 공급 욕구를
잘 활용하는 방법이다.

수요와 공급을 공개

원트 Want	코미트먼트 Commitment
최신 가전의 트렌드가 알고 싶다.	유학 경험을 업무에 살리고 싶다.
해외 권리자 허가가 필요하다.	전직(개발회사) 경험을 살리고 싶다.
토지개발 안건이 있는데…	자격증(행정서사)을 활용하고 싶다.
구청에 신청서를 제출해야 한다.	신상품 기획 아이디어가 떠올랐다.
영화업계를 잘 아는 인재가 없다.	취미로 하는 음악이 직업이 된다면…

원트와 코미트먼트를 조직에서
공유하면 연계가 수월해짐

조직개발 　발달된 뇌를 알고 특성을 파악

06 허먼 모델

이성파와 감성파 등으로 분류

네드 허먼이 고안한 '허먼 모델'은 오른손잡이나 왼손잡이처럼 특정 방향이 발달하는 것과 같이 뇌도 그럴 것이라는 사고에서 비롯되었다. 활성화된 뇌는 사람의 특성을 결정하고, 커뮤니케이션이나 의사결정에도 영향을 준다. 구체적으로 '좌뇌', '우뇌', '대뇌 신피질', '변연계'로 뇌를 4개로 나누고, 어느 부분이 특화되었는지에 따라 종류를 나눈다.

논리적인 좌뇌와 이지적인 대뇌 신피질이 발달한 사람은 이성파로, 감정적인 우뇌와 본능적인 변연계가 특화된 사람은 감각파로 나눈다. 나머지 2종류는 좌뇌·변연계가 강한 현실파와 우뇌·대뇌 신피질이 강한 창조파이다.

어느 쪽 뇌가 발달했는지는 체크시트를 통해 알아볼 수 있고, 본인이나 부하의 타입을 파악해놓으면 각자의 능력을 잘 발휘할 수 있도록 활용할 수도 있다.

꼭 알아두기! 　**허먼 모델의 발달된 뇌의 4가지 분류란?**

우뇌 or 좌뇌와 대뇌 신피질 or 변연계의 어느 부분이 강하게 발달되었는지로 결정한다.

'발달된 뇌'를 알면 특성을 살릴 수 있음

사람의 뇌는 부위에 따라 맡은 분야가 다르고, 어떤 분야가 활발히 움직이는지는(특성) 제각각이다. 허먼 모델로 그 경향을 파악하면 특성을 살려 적용할 수 있는 상황을 찾을 수 있다.

허먼 모델의 4가지 분류

대뇌 신피질 모드(이지)

이성파
논리적인 사고
냉철한 분석
사실을 중시

창조파
자유로운 발상
풍부한 아이디어
목표를 중시

좌뇌 모드(논리)

우뇌 모드(감정)

현실파
모든 일에 계획적
규범을 벗어나지 않음
묵묵히 계속함

감각파
싫고 좋은 것으로 판단
사람관계를 중시
생각보다는 행동

변연계 모드(본능)

발달된 뇌를 파악하여 특성을 알아두면
업무에서 잘 활용할 수 있음

조직개발 | 단계를 통해 기능하는 조직으로

07 터크만 모델

대립을 극복하여 성과를 잡는다

사람과 마찬가지로 조직도 처음부터 성숙하지는 않다. 터크만이 고안한 이 모델은 조직이 성장해서 기능하기까지의 과정을 '형성기', '혼란기', '통일기', '기능기' 4단계로 나타내어 팀을 형성할 때 중요시되고 있다.

조직을 구성하는 것은 서로 다른 생각을 지닌 개인이다. 그러므로 결성하자마자인 '형성기'는 관계를 쌓아가는 단계라고 볼 수 있다. 다음으로 찾아오는 단계가 서로 부딪히는 '혼란기'이다. 가능하면 건너뛰고 싶은 단계지만, 조직 구성원의 의견을 주고 받을 수 있는 이 시기는 특히 중요하다. 이 혼란기를 지나야만 '통일기'가 찾아오며, 규범이나 역할분담이 완성된다. 그리고 마지막은 '기능기'로 조직으로서 성과를 올릴 수 있게 된다. 최근에는 팀이 해체하는 '산회기'까지 더해 5단계 모델을 사용할 때도 많다.

꼭 알아두기! ▶ **터크만 모델의 4가지 스텝**

팀 형성 = 형성기 → 혼란기 → 통일기 → 기능기 = 성과를 내는 조직

조직을 만드는 데 필요한 과정

조직이 조직으로서 기능하기까지는
반드시 거쳐가야 할 과정이 있다.

형성 Forming

모인 지 얼마 되지 않아 서로를 모르는 상태

혼란 Storming

역할분담이나 책임소재 등으로 의견 대립이 발생

통일 Norming

서로 이해가 깊어지며, 신뢰 관계나 결속력이 생김

기능 Performing

공동체 의식이 생기며 조직으로써의 역량 발휘

형성되지 않음

관계성

형성됨

혼란기를 같이 뛰어넘은
경험으로 팀의 결속력이
올라감

조직개발 | 지식·기능·태도는 필요불가결

08 능력의 3요소

3가지 요소의 균형적인 향상

업무에 필요한 '능력'은 '지식(Knowledge)', '기능(Skill)', '태도(Attitude)'의 3요소로 구성된다. 줄여서 KSA로 부르기도 하며 어느 것 하나라도 빠지면 일의 진행에 착오가 생긴다.

자사 제품을 영업할 때도 그 제품에 대해 지식이 없으면 상대에게 설명할수 없으며, 반면 지식이 있다 해도 대화의 기술이 없으면 제품의 매력을 전달할 수 없다. 또, 아무리 뛰어난 언변으로 매력을 전달한다 하더라도 태도가 안좋다면 구매로 이어지지는 않는다.

업무에 필요한 능력을 개발을 하기 위해서는 이 3요소를 균형적으로 키우는 것이 중요하다. 이 중에서 스킬은 테크니컬, 컨셉츄얼, 휴먼으로 세분화할수 있는데 필요한 스킬의 비율은 각자의 지위나 역할에 따라 달라진다.

꼭 알아두기! 능력의 3가지 요소란?

지식(Knowledge)
기능(SKill)
태도(Attitude)

능력의 3요소

업무에 필요한 능력은 3가지 요소로 되어 있다. 다음은 경험과
트레이닝을 통해 어떤 요소를 더 갈고 닦아야 할 필요가 있는지를
끌어내기 위해 필요한 프레임워크이다.

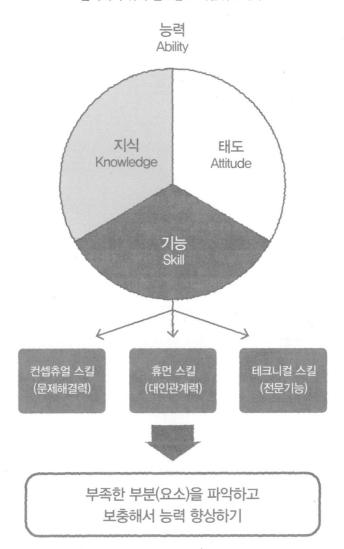

능력
Ability

지식
Knowledge

태도
Attitude

기능
Skill

컨셉츄얼 스킬
(문제해결력)

휴먼 스킬
(대인관계력)

테크니컬 스킬
(전문기능)

부족한 부분(요소)을 파악하고
보충해서 능력 향상하기

조직개발 | 매트릭스화해서 상황을 파악

09 | Will / Skill 매트릭스

다른 접근법으로 성장을 촉진하기

부하나 후배를 양성하는 방법은 일률적으로 진행해도 한계가 있다. 능력·의욕에는 개인차가 있으며 각자의 특성에 맞춘 대응이 필요하기 때문이다. 이럴 때 도입하면 편한 것이 'Will / Skill 매트릭스'다. 'Will'은 의욕, 'Skill'은 능력으로 그 높고 낮은 정도를 매트릭스로 나타내면 각 구성원의 대략적인 상황을 파악할 수 있다. 이 분류에 따라 접근법을 바꿔 나간다.

의욕이 있고 능력도 두말할 것 없으면 '위임', 의욕은 있지만 능력에 문제가 있으면 '지도', 능력은 괜찮지만 의욕에 문제가 있으면 '점화', 의욕도 능력도 낮으면 '명령'으로 나눈다. 각자에게 적절한 접근법을 시도하면 의욕과 능력의 향상을 도모할 수 있고 조직의 성장으로도 이어질 수 있다.

꼭 알아두기! **분류요소와 접근법**

분류 = Will과 Skill의 높고 낮음
접근법 = 위임·지도·점화·명령

타입별로 접근법을 바꾸기

인재 육성에서는 인재를 4가지 타입 중에 어디에 해당하는지를
판별하고, 각자에게 맞는 접근법으로
높은 효과를 발휘할 수 있다.

4가지 접근법

높음

지도
Guide

방법을
가르친다

위임
Delegate

신뢰하며
맡길 수 있다

낮음 ← 능력(SKill) → 높음

의욕(Will)

명령
Direct

강제적으로
시킨다

착화
Excite

의욕을 일으키도록
한다

낮음

타입을 잘 판별하여 접근법을
바꾸면 육성 효과가 향상됨

조직개발 | 리더에게 필요한 2가지 기능

10 | PM 이론

결여되면 팀에 영향을 끼치는 PM 이론

그룹·다이나믹스(집단역학)의 연구자 미스미 지부시가 고안한 PM 이론은 리더십은 '과제달성기능(Performance)'과 '집단유지기능(Maintenance)'으로 구성된다고 보는 이론이다.

'과제달성기능'은 목표달성을 위해 계획을 짜고 지시를 내려 성공으로 이끄는 것이고, '집단유지기능'은 각 개인의 의욕을 끌어내어 인간관계를 배려하면서 조직력을 유지하거나 강화하는 것이다.

두 가지 모두 리더에게 필요한 기능으로 그 높고 낮음에 따라 4가지 타입으로 분류한다. 두 가지 모두 높은 레벨을 겸비하기란 어렵다. 과제달성기능만 높으면 조직이 삐걱거릴 수 있으며, 집단유지기능만 높으면 과제달성이 낮은 경향이 있다. 모두 낮은 경우는 리더로서 부적합하며 조직에 끼치는 악영향도 크다.

꼭 알아두기! 〉 **리더에게 필요한 P와 M 이론**

Performance = 과제달성기능
Maintenance = 집단유지기능

이상적인 리더와 그 외 타입

리더의 능력을 과제달성능력(P)과 집단유지능력(M)의 2축으로
나누면 자질을 측정할 수 있다.

집단유지능력(Maintenance)

고

pM 형

p<M

조직을 유지하는 능력은
있지만 과제 달성을 못함

PM형

P=M

과제달성능력과 집단
유지능력을 겸비한
이상적인 리더

과제달성능력(Performance)

저 ←→ 고

pm형

p=m

과제달성도, 조직유지도
못함. 리더에 적합하지
않음

Pm형

P>m

과제를 달성하는 능력은
있지만 집단을 유지하는
능력이 결여되어 있음

저

결여되어 있는 부분을 갈고 닦으면
리더로서의 완성도가 향상됨

조직개발 ｜ 코칭의 대표적 수법

11 ｜ GROW 모델

대화를 통한 목표달성

코칭은 대화를 통해 부하나 후배와 같은 상대의 변화를 촉진하고 목표달성을 돕는 것으로 그 대표적인 수법 중의 하나가 GROW 모델이다.

성장을 의미하는 GROW란 이름은 전부 5가지 스텝의 앞글자를 순서대로 가져온 것으로 그 중에 R이 2번 이어진다. GROW 모델에서는 목표의 '설정(Goal)' 단계에 이어, 제1의 R '현상 파악(Reality)' 단계에서 과제를 파악하고, 제2의 R '자원 발견(Resource)' 단계에서 이용가능한 것이 없는지 찾는다. 다음의 '선택지 창출(Option)' 단계에서 아이디어를 고안하고, 마지막으로 '의사 확인(Will)'단계에서 상대가 어떻게 하고 싶은지를 묻는다.

이렇게 문제제기부터 해결까지 상대와의 대화를 통해 찾으면 목표를 달성할 수 있다.

꼭 알아두기! ▶ GROW 모델이란?

Goal(목표달성), Reality(현상 파악), Resource(자원 발견),
Option(선택지 창출), Will(의사 확인)

인재육성을 위한 적절한 서포트 방법

대화를 통해 문제나 목표를 찾아내고 스스로 해결하여 성장을
촉진하는 대표적인 코칭 방법

GROW 모델의 예 / 입사 3년차인 부하

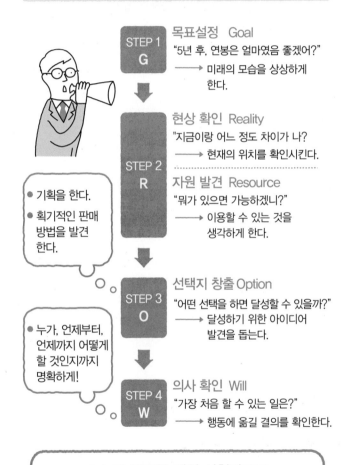

STEP 1 G

목표설정　Goal
"5년 후, 연봉은 얼마였음 좋겠어?"
⟶ 미래의 모습을 상상하게
　　한다.

STEP 2 R

현상 확인　Reality
"지금이랑 어느 정도 차이가 나?
⟶ 현재의 위치를 확인시킨다.

자원 발견　Resource
"뭐가 있으면 가능하겠니?"
⟶ 이용할 수 있는 것을
　　생각하게 한다.

- 기획을 한다.
- 획기적인 판매
  방법을 발견
  한다.

STEP 3 O

선택지 창출 Option
"어떤 선택을 하면 달성할 수 있을까?"
⟶ 달성하기 위한 아이디어
　　발견을 돕는다.

- 누가, 언제부터,
  언제까지 어떻게
  할 것인지까지
  명확하게!

STEP 4 W

의사 확인　Will
"가장 처음 할 수 있는 일은?"
⟶ 행동에 옮길 결의를 확인한다.

> 스스로 목표를 세워 실천하므로
> 패턴을 외워 자립할 수 있음

조직개발 　능력향상의 기회는 일상생활에 있다

12 | 경험학습 모델

일상의 경험에서 배움을 얻는다

업무에 필요한 능력을 얻기 위한 기회는 연수나 트레이닝보다도 일상 업무에 널려있다. 데이비드 콜브가 제창한 '경험학습 모델'도 실제 경험에서 배우고 다음에 반영하는 흐름을 모델에 적용한 것으로 '경험', '성찰', '개념화', '실천'의 4단계로 구성되어 있다.

이것은 구체적인 경험을 내적으로 돌이켜보고 개념화하여 새로운 시도를 실천하는 것이다. 흐름 중에서도 성찰은 상당히 중요한 단계로 자신의 사고나 행동의 이유, 배경을 여러 시점에서 돌이켜 볼 필요가 있다. 이것을 소홀히 하면 항상 같은 개념만 생각해낼 뿐, 경험을 새로운 시도로 이어줄 수 없으므로 소홀히 하지 말아야 한다.

꼭 알아두기! 　경험학습이란?

경험을 다음 기회에 살리기 위한 흐름을 나타낸 모델
흐름을 구성하는 4가지 단계 = ① 경험 ② 성찰 ③ 개념화 ④ 실천

업무에 필요한 능력은 업무를 통해 배운다.

누구나 처음에는 업무를 잘 하지 못하지만
경험을 통해 필요한 능력을 습득해 나간다.

경험학습 모델 예

업무를 통해 능력을 올리는 구조는 아래와 같다.

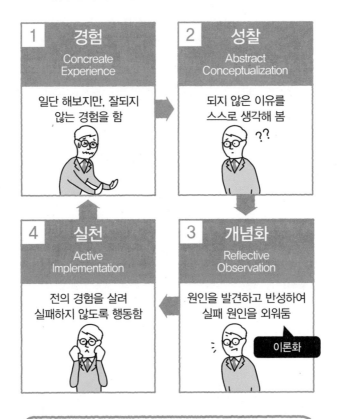

1 경험 Concreate Experience	2 성찰 Abstract Conceptualization
일단 해보지만, 잘되지 않는 경험을 함	되지 않은 이유를 스스로 생각해 봄 ??

4 실천 Active Implementation	3 개념화 Reflective Observation
전의 경험을 살려 실패하지 않도록 행동함	원인을 발견하고 반성하여 실패 원인을 외워둠 이론화

실패를 되짚어보는 경험을 쌓으면
같은 실패를 반복하지 않게 됨

조직개발

중시하는 가치관은 사람마다 천차만별

13 | 커리어 앵커

자신의 커리어 개발 등에 활용

사람이 직업을 선택할 때 그 사람이 중요하게 생각하는 가치관이나 욕구가 크게 영향을 끼친다. 에드가 샤인은 이것을 '커리어 앵커'라 부르고 8가지로 분류하고 있다.

이 8가지란 '전문능력', '경영관리', '안정', '창조성', '자율·독립', '사회공헌', '전체적인 조화', '도전'으로 각자가 어느 커리어 앵커를 중요하게 여기는지 연령에 따른 변화는 없다고 보고 있다. 만약, 흥미가 있는 직업이나 업무를 골랐지만 계속하지 못한 경우는 커리어 앵커와 차이가 있을 가능성이 있다. 자신의 커리어 앵커를 파악해두면 그 후의 커리어 개발로도 이어질 수 있다. 또한, 부하직원의 커리어 앵커를 파악해두면 육성방침의 검토 등에도 도움이 된다.

꼭 알아두기! 8가지 커리어 앵커

전문능력, 경영관리, 안정, 창조성, 자율·독립, 사회공헌, 전체적인 조화, 도전

무엇을 중요하게 생각하며 일하는지를 파악하기

사람이 업무를 선택할 때 중요하게 생각하는 가치관은 크게
나누어 다음의 8가지 패턴으로 분류할 수 있다.

8가지 대표적인 커리어 앵커

전문능력	경영관리	안정	창조성
잘 하는 것을 직업으로 하고 싶다.	사람을 움직이는 입장이 되고 싶다.	변화가 없는 일이 좋다.	독창성으로 승부하고 싶다.

자율·독립	사회공헌	전체적인 조화	도전
내 페이스대로 일하고 싶다.	사회에 도움이 되는 일이 좋다.	개인 생활도 일도 둘 다 중요하다.	달성감을 느낄 수 있는 일이 좋다.

직업을 정할 때 중요하게 생각하는 부분은
사람에 따라 다르다.

인재육성을 할 때는 대상자의
커리어 앵커에 맞추는 것이 중요

조직개발 | 합리적으로 생각하여 문제를 해결하기

14 | ABC 이론

비합리적인 신념이 문제 해결을 방해한다

ABC 이론은 알버트 엘리스가 제창한 것으로, ABC란 '선행사건(Active event)', '신념(Belief)', '결과(Consequence)'를 가리킨다. 사람은 선행사건에 대해 어떠한 신념을 적용해서 해석하고 그 결과가 사고나 행동으로 이어진다. 그래서 같은 사건이라도 사람에 따라 받아들이는 반응이 다르다.

주의해야 할 것은 신념이 일방적인 확신이 되기도 한다는 것이다. 문제가 생겼을 때 사실에 근거하지 않은 비합리적인 신념으로 '이러지 않으면 안 된다'라는 사고에 묶여버리면 문제 해결과는 멀어지기 때문에 ABC 이론에서는 신념을 합리적인 것으로 변환해서 문제를 해결한다. 이때 혼자서만 생각하지 말고 타인의 도움을 받는다면 합리적인 신념으로 변환하기 쉽다.

꼭 알아두기! ▶ **ABC 이론이란?**

Activating event = 선행사건
Belief = 신념
Consequence = 결과

착각을 걷어내고 문제를 해결하기

난제가 발생했을 때 해결을 방해하는 착각이나 선입견 등을
걷어내는 프레임워크이다.

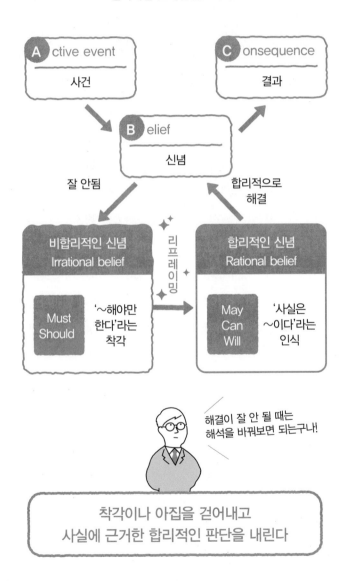

해결이 잘 안 될 때는
해석을 바꿔보면 되는구나!

착각이나 아집을 걷어내고
사실에 근거한 합리적인 판단을 내린다

조직개발 | 구조를 파악하여 악순환을 타개

15 | 시스템 씽킹

복수의 요인이 겹친 문제 해결

조직에서 문제가 발생한 경우 간단한 방법으로 해결하고자 해도 그것은 응급처치에 불과할 뿐, 다시 새로운 문제가 생길 때가 있다. 이 경우는 여러 문제의 원인과 결과가 상호 작용하여 악순환에 빠진 상태일 수 있으므로 각각의 문제에 대응해도 근본적인 해결이 될 수 없다. 복잡한 문제를 해결하기 위해서는 악순환이 된 구조를 파악하고 그 구조를 바꿀 필요가 있다.

여기서 도움이 되는 것이 구조를 내려다보며 생각하는 '시스템 씽킹'이다. 악순환 구조에는 일정한 패턴이 있으므로 어떤 악순환이 일어나고 있는지를 순환도를 만들어 분석한다. 이 방법으로 문제를 가시화하면 해결책을 생각해 내기가 쉬워진다.

꼭 알아두기! 〉 **시스템 씽킹이 필요한 문제란?**

해결이 어려운 문제는 복수의 요인이 서로 얽혀 있음
시스템 씽킹으로 문제 구조 파악 → 해결책 고안(구조 변경 등)

복잡한 문제 구조를 파악하기

여러 요인이 복잡하게 얽힌 조직 안에서의 인간관계 등을
도식화하면 해결의 실마리가 보인다.

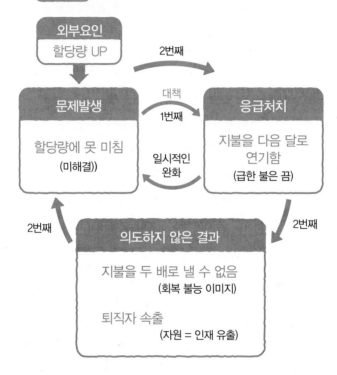

예   응급처치 실패로 일어난 일

외부요인
할당량 UP

2번째

대책
1번째

문제발생
할당량에 못 미침
(미해결))

응급처치
지불을 다음 달로
연기함
(급한 불은 끔)

일시적인
완화

2번째

2번째

의도하지 않은 결과
지불을 두 배로 낼 수 없음
(회복 불능 이미지)

퇴직자 속출
(자원 = 인재 유출)

**근본적인 해결을 놓치면
의도하지 않은 결과를 초래할 수 있다.**

문제 구도를 도식화하면
대책이 필요한 곳이 보임.

조직개발 | 추진하는 힘과 반대하는 힘을 가시화

16 | 역장 분석

분석을 활용하여 변혁을 추진

변화를 꾀하기 위한 상황이나 운영에는 그것을 이끄는 힘과 막는 힘 두 가지가 같이 움직인다. 역장 분석은 이를 가시화한 것으로 쿠르트 레빈이 제창한 프레임워크로 변혁을 추진하다가 벽에 부딪혔을 때 사용하면 도움이 된다.

방법은 먼저 중심에 선을 긋고, 선을 경계로 아래쪽에는 '실행을 응원하는 요인(추진력)', 위쪽에는 '실행을 방해하는 요인(억제력)'을 적어나간다. 요인마다 중앙을 향해 화살표의 길이와 굵기를 다르게 표시하여 힘의 크기를 나타내도록 한다.

이 프레임워크를 사용하면 문제를 가시화하여 해결하고 실천 가능한 대응책을 모색할 수 있다.

꼭 알아두기! ▷ 2가지 힘이란?

추진력(실행을 응원하는 요인)
억제력(실행을 방해하는 요인)

대립하는 2가지 힘을 분석

대립구조에 있는 문제를 해결하기 위해서는 2가지 힘을
구성하는 항목의 크기를 재어 볼 필요가 있다.

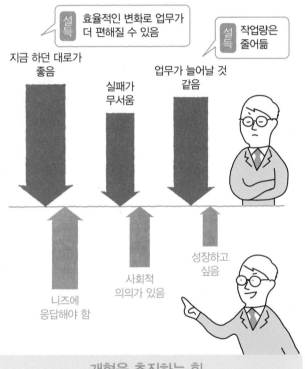

개혁을 방해하는 힘

설득 효율적인 변화로 업무가
더 편해질 수 있음

설득 작업량은
줄어듦

지금 하던 대로가
좋음

실패가
무서움

업무가 늘어날 것
같음

니즈에
응답해야 함

사회적
의의가 있음

성장하고
싶음

개혁을 추진하는 힘

개혁에 대한 2가지 힘의 균형과 대응해야 할 곳의 명확화

문제 구조를 도식화하면 대책을
세워야 할 곳이 보임

조직개발 | 3단계로 조직 변화를 추진하기

17 | 레빈의 조직변화모델

형식적인 방법에서 새로운 방법으로

역장 분석(p.196)의 제창자인 레빈이 고안한 조직변화모델은 '해동 (Unfreezing)', '변화(Moving)', '재동결(Refreezing)'의 3단계를 통해 조직 변화를 성공으로 이끌 수 있다고 말한다.

한 때는 활발했던 조직이라도 시간이 지나면 정체되고, 업무가 형해화하는 경향이 있다. 그러므로 개혁을 위해서는 먼저 지금까지의 구조를 '해동'해야 한다. 본래의 방식을 점검하고, 시행착오를 통해 새로운 방법을 모색하면 생각이나 행동에 '변화'가 생기게 된다. 마지막으로 시도해 본 방법 중 성공한 방법을 새로운 틀로 '재동결', 즉 정착하게 한다.

조직 변화에 대한 다른 모델로는 코터의 '변화관리 8단계'가 있으며 이는 레빈의 모델을 바탕으로 하고 있다.

꼭 알아두기! ▶ **조직변화모델의 3스텝**

해동(Unfreezing)
변화(Moving)
재동결(Refreezing)

미지근한 조직을 개혁하기 위해서

안정궤도에 올라서서 큰 변화를 꾀하기가 어려운 조직에 변화를
일으키기 위해서는 필요한 순서가 있다.

Step 1 해동 Unfreezing

조직구성원의 마음을
동요시키고, 변화의
필요성을 설명하는 시기

Step 2 변화 Moving

변화방법을 침투시키는
시기. 혼란에 빠진
조직구성원을
잘 안내하기

Step 3 재동결 Refreezing

변화방법의 방향성을
확정 짓는 시기.
발맞춰 목표를 향해
나가기

변화 과정 3 STEP은
조직의 크기와는 상관없음

AI 실업시대란?

AI 실업시대에 살아남을 3가지 직업이란?

AI 실업전야의 시대, 10년 후에도 살아남을 직업을 꼽자면 다음의 3가지를 들 수 있다.

첫 번째는 앞서 정사원의 칼럼(p. 100)에서도 언급한 시스템화에 필요한 비즈니스의 승리 패턴 설계 등의 일이다.

두 번째는 AI의 성능이 향상되어도 AI만으로는 어려운 고도의 커뮤니케이션 능력을 활용한 일이다. 이것은 고용 형태나 연령이 다양한 멤버를 아우를 수 있는 리더로서의 자질을 겸비하고 있어야 한다.

세 번째는 머리와 몸을 모두 사용하는 일이다. AI가 탑재된 로봇이라도 사람이 손가락을 사용하는 동작에는 못 미치듯, 앞으로 몇 십 년간은 사람의 일로 남아 있을 거라 예상한다. 하지만 이 일은 현재 블루칼라나 현장 업무의 일인 경우가 많아 급여 수준이 낮다는 점에서 주의가 필요하다.

제 6 장

AI 시대의 지식

인터넷이 일상이 되고 컴퓨터가 널리 보급된 현대, 특히 인공지능은 눈부신 진화 속도로 일상생활에 등장하고 있다. 가까운 미래로 다가온 AI 시대에 대비하여 알아두어야 할 지식도 늘어나고 있다.

01 | 빅데이터

새로운 비즈니스 창출에 대한 기대

현재는 인터넷이나 스마트폰 등 IT의 발전으로 몇십 년 전만 해도 구하기도, 처리하기도 어려웠던 대량의 데이터를 이용하는 것이 가능해졌다. 이 방대한 데이터를 '빅데이터'라고 한다.

빅데이터에는 개인의 위치 정보나 행동 이력, 홈페이지나 텔레비전 관람·시청 이력, 카드의 이용기록 등 네트워크 안에 흩어져 있는 온갖 데이터가 포함된다.

이 많은 양의 데이터를 모아 다른 데이터와 조합하여 상품판매나 사람의 이동과 날씨의 관계 등 넓은 분야에 이용하고 있다.

사회적으로도 '관민 데이터 활용추진 기본법'이나 '개정 개인정보 보호법'에 따라 빅데이터 활용이 추천되고 있으며, 그 이용은 점점 더 가속화될 전망이다.

꼭 알아두기! ▶ **빅데이터 이용 확대에 관한 법률**

관민 데이터 활용추진 기본법 ················ 2016년 12월 시행
개정 개인정보 보호법 ······················· 2017년 5월 시행

빅데이터에 속하는 것들

그대로 두면 쓸모없는 인터넷 정보라도
대량으로 모으고 처리하면, 활용 가능한 정보로 탈바꿈한다.

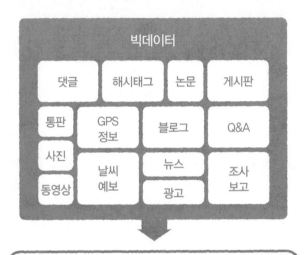

인터넷 상의 모든 정보의 집합체를 일컬음

빅데이터 활용법(예)

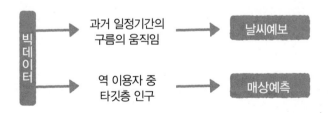

대량의 정보에서 방향에 따라 필요한 정보를
도려내어 분석하는 것이 가능한 시대로!

AI 시대의 지식　가까운 것을 인터넷으로 연결하기

02 | IoT

의료나 자동운전에도 이용

IoT는 'Internet of Things'의 약자로 '사물인터넷'으로 번역되어 쓰인다. 좁은 의미로는 전자제품이나 건축물, 자동차, 의료기기 등 인터넷에 접촉하는 여러 '사물'을 가리키지만, 넓은 의미로는 그것들과 정보를 주고받아 원격조작 등이 가능한 구조를 가리킨다.

최근에는 외출 중에 스마트폰으로 텔레비전 녹화예약을 하거나 귀가 시간에 맞춰 에어컨 온도 설정이 가능한 스마트 가전 등이 등장하고 있는데 이것도 IoT의 일환이다.

가까운 미래에 의료기관과 자택의 의료기구를 인터넷으로 접촉하여 환자의 정보를 공유하여 의료에 도움을 주거나(IoMT), 자동차 센서로 도로상황을 공유하는 등의 이용법도 기대된다.

꼭 알아두기! **IoT와 IoMT**

IoT ·············· Internet of Things
IoMT ············· Internet of Medical Things

IoT의 2가지 의미

IoT 단어에는 2가지 의미가 있다. 이름의 유래와 개념을
한 번 외운다면 잊어버릴 일은 없을 것이다.

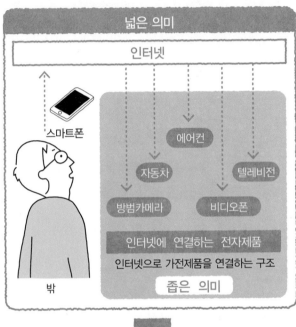

넓은 의미

인터넷

스마트폰

에어컨

자동차

텔레비전

방범카메라

비디오폰

인터넷에 연결하는 전자제품

인터넷으로 가전제품을 연결하는 구조

좁은 의미

밖

인터넷에 연결된 사물을 가리키는 말에서
그 구조를 일컫는 말로 변화

스마트폰으로 가전을 조작하는
구조도 IoT라고 부릅니다!

03 AI

컴퓨터의 진화로 실용화

AI란 Artificial Intelligence의 줄임말로 일반적으로는 '인공지능'을 나타낼 때 쓰이는 말이다. 그 정의는 일본 오퍼레이션 리서치 학회에 따르면 '인간과 생물의 지능을, 기기에 의해 실현한 것'이다. 여기에서 인간의 지능이란, '학습', '인식·이해', '예측·추론', '계획·최적화' 등을 가리킨다.

여러 기술적인 문제로 SF 작품에 나올 법한 '완벽한 AI'의 실현은 어렵다고 여겨져 왔다. 하지만 몇 차례의 기술혁신의 고비를 넘어, 현대에는 컴퓨터 처리능력의 비약적인 향상과 센싱 디바이스의 진화, 고도의 알고리즘 개발에 의한 진보된 예측지능 엔진 개발로 인해 일부 실용화에 성공했다. 현재는 비즈니스에서도 활용하고 있다.

꼭 알아두기! AI를 실현시킨 요인

컴퓨터 처리능력의 비약적인 향상
센싱 디바이스의 진화
진보된 예측지능 엔진의 개발

AI는 현재 제3차 붐의 정중앙

인공지능 개발은 이전부터 시작됐지만,
추론·시행의 시대를 거쳐 현재까지도 계속되고 있다.

붐	연대	선행 사건	키워드
제1차	1950 년대	인공지능 검증법 (튜링·테스트) 제창	추론
	1960 년대	'인공지능'이란 단어가 다트머스 회의에서 처음으로 등장	자연언어 처리
		뉴럴 네트워크의 일종 '퍼셉트론' 개발	뉴럴 네트워크
		패턴 매칭기법을 사용한 대화시스템 'ELIZA' 발표	
	1970 년대	첫 엑스퍼트 시스템 'MYCIN'개발	머신러닝
제2차	1980 ~ 1990 년대	제5세대 컴퓨터 프로젝트 시동(~92년)	지식기반
		지식기술의 Cyc 프로젝트 개시	음성인식
		뉴럴 네트워크의 학습 알고리즘 '오차역전파법' 등장	데이터 마이닝
		프로 체스챔피언에게 'Deep Blue'가 승리	온트로지
제3차	2000 년대	딥러닝 기술 제창	
	2010 년대	딥러닝이 화상인식 콘테스트에서 승리	딥러닝
		프로 쇼기 기사가 'PONANZA'에 패배	
		프로 바둑 기사가 'AlphaGo'에 승리	

출전 : 총무성 'ICT 진화가 채용과 일하는 방식에 끼치는 영향에 관한 조사연구' 가필. 수정

빅데이터 시대와 머신 성능의 향상으로
AI는 비약적인 진화를 계속하고 있다

AI 시대의 지식 ┃ 문제 해결의 순서

04 알고리즘

다양하게 쓰이는 '지도 학습'

어떤 문제를 풀거나 과제를 해결하기 위한 계산의 절차를 '알고리즘'이라고 한다. 인공지능의 성능향상은 알고리즘 진화의 덕이라고도 할 수 있다.

그 중 하나가 '지도학습'이다. 먼저 대량의 데이터를 입력하고 판단 기준이나 규칙성을 찾는 작업을 한다. 이 작업을 위해서는 용도에 따라 적절한 알고리즘을 선택할 필요가 있다.

가장 많이 쓰이는 것은 사전에 대량의 정답 레이블을 컴퓨터에 입력하여, 규칙성을 발견하게 하는 '지도학습'이다. 그 외에 정답 레이블이 붙어있지 않은 데이터를 입력하여 규칙성을 발견하게 하는 '비지도학습'이나 정답 레이블을 입력하지 않고 시행착오를 겪는 '강화학습'(p. 214) 등이 있다.

꼭 알아두기! ❭ 알고리즘의 이용

지도학습
비지도학습
강화학습

알고리즘과 AI의 관계

인공지능의 진화와 알고리즘의 발전은
이인삼각의 세계라 할 수 있다.

알고리즘이란

컴퓨터에 입력된 해결 패턴 계산법

문제 ➡ 알고리즘 ➡ 해결

알고리즘과 AI의 진화

**해답 패턴
3개 뿐**

**해답 패턴은 변형까지
포함하여 증가**

AI (옛날)

알고리즘 A
알고리즘 B
알고리즘 C

AI (현재)

알고리즘 A
알고리즘 B
알고리즘 C
⋮
알고리즘 AAA
알고리즘 AAB
⋮

컴퓨터의 고성능화로
대량·입력계산이
가능해졌어!

빅데이터 시대와 머신 성능의 향상으로
AI는 비약적인 진화를 계속하고 있다

AI 시대의 지식 | 특화형 AI와 범용형 AI의 차이

05 강한 AI와 약한 AI

현재 주류는 '약한 AI'

AI의 개념에는 '강한 AI(Strong AI)'와 '약한 AI(Weak AI)'라는 개념이 있다.

예를 들어, 바둑과 같이 복잡한 게임에서 인간을 이길 수 있는 AI라도 그 능력은 바둑에 한정되어 있으며, 그 외의 분야에서는 응용할 수 없다. 이처럼 한정된 범위에서 능력을 발휘하는 AI를 '특화형 AI(Narrow AI)', 또는 '약한 AI'라고 한다.

반면, 특정 기능·분야뿐 아니라 여러 상황에 대응할 수 있는 '범용성'을 가진 AI를 '강한 AI'라고 부른다. 현재 실용화되고 있는 AI의 주류는 '약한 AI'라할 수 있다. 사람과 같이 자기 학습이 가능한 강한 AI는 '범용형 AI(Artificial General Intelligence: AGI)로 불리며 현재 연구에 박차를 가하는 중이다.

꼭 알아두기! | **강한 AI와 약한 AI**

약한 AI ·············· 특화형 AI(Narrow AI)
강한 AI ·············· 범용형 AI(Artificial General Intelligence : AGI)

AI의 강도란?

AI는 성능에 따라 부르는 이름이 다르며
강도는 성능의 차이를 나타낸다.

약한 AI	강한 AI
특화형 인공지능	범용형 인공지능

할 수 있는 일

입력된 알고리즘에
따라 판단·처리

↓

장기·바둑에서
사람에게 승리한 AI도
여기에 해당함

할 수 있는 일

특정 룰(판단기준)을
찾아내어, 수정에
필요한 판단을 스스로 내림

↓

특이점(p.212)이 도래하는
원인이 됨

현재

특정 룰 안에서 정답을
끌어낼 수 있음

┄┄┄┄┄┄┄┄┄

룰을 찾아낼 수 있음

현재

인간처럼 판단
할 수 있는 AI 실현을
연구 중

SF 작품에 나올법한 생각하고 판단하는
AI의 등장이 머지않았다!

06 | 머신러닝

AI의 능력은 인간을 뛰어넘을까

컴퓨터에게 인간이 가진 학습능력을 부여하는 기술·수법이 '머신러닝'이다. 예를 들어, 사람은 지금까지의 지식과 경험으로 강아지와 고양이를 구별할 수 있었지만, 같은 일을 컴퓨터가 한다면 강아지와 고양이의 구별방법을 컴퓨터가 수치로 측정해야 하므로 매우 어려웠다. 그래서 등장한 것이 프로그램에 대량의 데이터를 입력하고 반복 학습을 통해 규칙성이나 판단기준을 계산하게 하는 머신러닝이다.

이 방법으로 컴퓨터의 능력이 비약적으로 발달하였으며, 수십 년이면 바둑의 일례처럼 인간을 뛰어 넘을 것이라 예상하고 있다. 인간을 뛰어넘는 그 지점을 싱귤래리티(기술적 특이점)라고 한다.

꼭 알아두기! ▷ **머신러닝·기술적 특이점이란?**

머신러닝 ·············· 기계학습(machine learning) 컴퓨터에게 자동적으로 학습시키는 방법

기술적 특이점 ········ AI가 인류의 지능을 뛰어넘는 전환점

AI 학습방법의 차이

AI 학습방법은 그 방법에 따라 부르는 이름이 다르며,
기계학습 중에서 대표적인 종류는 다음과 같다.

AI 학습방법

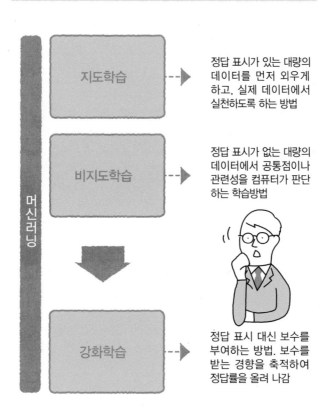

지도학습 --▶ 정답 표시가 있는 대량의 데이터를 먼저 외우게 하고, 실제 데이터에서 실천하도록 하는 방법

비지도학습 --▶ 정답 표시가 없는 대량의 데이터에서 공통점이나 관련성을 컴퓨터가 판단 하는 학습방법

강화학습 --▶ 정답 표시 대신 보수를 부여하는 방법. 보수를 받는 경향을 축적하여 정답률을 올려 나감

머신러닝

오차 없이 규칙을 찾아내는 딥러닝을
지지하는 구조로 정착

AI 시대의 지식 | 보수를 최대로 얻을 수 있는 방법을 학습하다

07 | 강화학습

시행착오를 반복하는 머신러닝

최근 AI의 성능향상은 AI의 머신러닝 중의 하나인 '강화학습(Reinforcement learning)'이 크게 공헌했다고 볼 수 있다. 이 강화학습은 '지도학습'과 달리 정답 레이블(정답 패턴)을 주지 않지만, 해결해야 할 과제에 대한 올바른 결과를 얻기 위해 시행착오를 거쳐 그 결과 얻어지는 보수(평가)가 최대화되는 방법을 학습해 나간다.

그리고 사람이 미세한 설정을 하지 않더라도 AI가 스스로 학습하여 똑똑해지는 '딥러닝(심층학습)'이라는 방법도 있다. 딥러닝에서는 지금까지의 기계학습과 달리 사람이 학습대상이 되는 특징을 정의하지 않더라도, AI가 스스로 정보를 수집하고 더욱 좋은 방법을 찾아 학습할 수 있다.

> **꼭 알아두기!** 강화학습이란?
>
> 강화학습 ············· Reinforcement learning
> 심층학습 ············· Deep learning

AI 능력을 향상시키는 학습방법

AI에 단순하게 지식을 입력하는 것이 아니라
스스로 똑똑해지도록 학습시키는 것이 강화학습이다.

강화학습 = 당근과 채찍 방식

룰
- 목적은 '고득점을 얻는 것'
- 정답이면 가점, 오답이면 감점
- 정보는 자유롭게 수집해도 좋음

STEP 1 정보를 주지 않고, 문제에 답하게 한다

지시가 없으므로 랜덤으로 답한다.

STEP 2 정답이면 보수, 오답이면 벌을 준다

행동과 보수 · 벌의 패턴을 기억한다.

STEP 3 계속해서 답하게 한다

STEP 2의 보수 패턴으로 다른 답을 시도해본다.

STEP 4 정답이면 보수, 오답이면 벌을 준다

시도해본 패턴 중 하나를 성공 패턴으로 외운다.

정답 패턴을 축적하여 현명해진다.

당근(칭찬)을 목적으로 경험을 쌓아나가므로
AI는 무한대로 똑똑해진다

AI 시대의 지식 | 인간의 뇌 구조를 닮은 네트워크

08 | 뉴럴 네트워크

컴퓨터의 약점을 극복하다

인간의 뇌 중에는 대량의 뉴런(뇌신경세포)이 시냅스에 의해 결합하고, 정보를 전달하여 인지, 기억, 학습, 대화 등 많은 일을 동시에 할 수 있게 한다. 여기에서 따온 것이 현재 AI에서 사용하고 있는 '뉴럴 네트워크(nerural network)'이다. 이것은 인간의 뇌가 정보를 전달하는 구조 중 몇 가지를 컴퓨터 프로그램에 적용한 수학 모델이다.

높은 정보처리능력을 가진 컴퓨터지만 사람과 같이 물체를 인식하거나, 일반적인 문제 해결은 어려울 거라 여겨져 왔다. 하지만 이 뉴럴 네트워크의 등장으로 취약했던 처리가 가능해지고, 바둑대국에서 사람을 뛰어넘는 일도 가능해진 것이다.

꼭 알아두기! **뉴럴 네트워크란?**

뉴런 ······················ 뇌 신경세포
시냅스 ···················· 뉴런과 뉴런의 접합부분
뉴럴 네트워크 ········· 뇌의 구조를 닮은 수학 모델

딥러닝의 뿌리적 구조

제2차 AI 붐 이래 기존에 있던 모델이었지만,
딥러닝의 등장으로 다시 한번 그 가능성이 주목받고 있다.

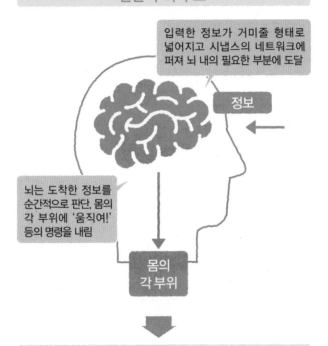

인간의 뇌 구조

입력한 정보가 거미줄 형태로
넓어지고 시냅스의 네트워크에
퍼져 뇌 내의 필요한 부분에 도달

정보

뇌는 도착한 정보를
순간적으로 판단, 몸의
각 부위에 '움직여!'
등의 명령을 내림

몸의
각 부위

정보가 한순간에 망라하여 퍼지는
정보전달 구조를 도입

오차 없이 규칙을 찾아내는 딥러닝을
지지하는 구조로 정착

217

AI 시대의 지식 | 대체안을 비교·선택하여 의사결정을 하는 방법

09 | 디시전 트리

가장 유리한 결과를 얻기

디시전 트리(결정목)는 단계적으로 데이터를 분할해서 나무와 같은 형태로 분석결과를 도출해내는 방법이다. 불확실성이 높은 상황에서 대체안을 비교하고 선택하여 의사결정을 할 때 활용한다.

디시전 트리를 만들 때는 정상에서 가지로, 여러 선택지를 발생하는 순서대로 시계열로 적어나간다. 사각형의 절점은 '미결정 노드'로 불리며 여기에서 나오는 가지는 선택지를 나타낸다. 원으로 표시되는 절점은 '기회 사상 노드'라 하여 불확실한 사항에 대한 분지점으로 여기에서 무언가의 정보를 판명할 것을 나타낸다. 그다음의 가지는 확률적으로 일어날 수 있는 것을 나타낸다.

이렇게 나무 모양을 만들어나가면서 가장 유리한 결과를 얻을 수 있는 선택지를 고를 수 있는 것이 결정목의 장점이다. 이 방법은 일부 AI에도 적용되고 있다.

꼭 알아두기! | 디시전 트리 만들기

사각형 절점 ·············· 미결정 노드
원형 절점 ·············· 기회 사상 노드

의사결정까지 일어날 수 있는 일을 상정하기

판단을 내리기 위한 의사결정을 할 때 그 다음의 선택지도
포함하여 생각하는 방법이다.

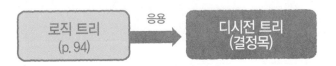

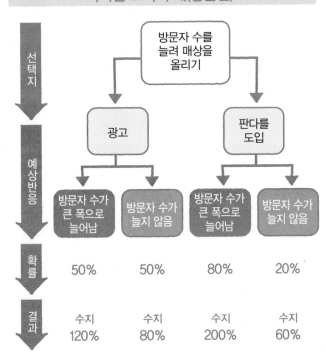

AI 시대의 지식 | 독일이 추진하고 있는 '제4차 산업혁명'

10 | 인더스트리 4.0

공장 전체의 다기능화

'인더스트리 4.0(제4차 산업혁명)'이란 독일이 추진하고 있는 제조업의 혁신을 가리킨다. 구체적으로는 제조공장에 AI를 도입하여 공장 전체를 다기능화(인텔리젠트화)한다. 단순작업을 반복했던 산업 로봇에 AI를 도입, 정확한 판단력을 갖게 하고 더욱 복잡한 작업을 시키거나 다양한 제품에 대응하도록 하는 것이다.

여기에 도입되는 AI는 '약한 AI'이므로 처음부터 똑바로 움직이기는 어렵다. 그래서 사람이 로봇 조작을 해서 가르치는 '티칭'이라는 방법이 사용된다. 최근에는 티칭을 AI에게 맡기게 되면서 극적으로 학습 스피드를 올릴 수 있게 되었다.

꼭 알아두기! 〉 **인더스트리 4.0이란?**

독일이 추진하는 제조업의 혁신
공장의 인텔리젠트화
AI에 의한 티칭

지금은 제4차 산업혁명 시대

독일 정부의 제조업 혁신전략으로 널리 퍼지게 된 산업혁명의
파도. IoT의 발달로 산업이 변화하기 시작했다.

산업혁명으로 바뀐 것·바뀔 것

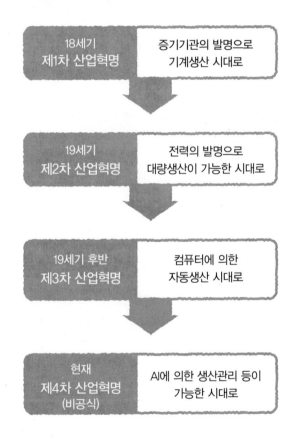

18세기
제1차 산업혁명

증기기관의 발명으로
기계생산 시대로

19세기
제2차 산업혁명

전력의 발명으로
대량생산이 가능한 시대로

19세기 후반
제3차 산업혁명

컴퓨터에 의한
자동생산 시대로

현재
제4차 산업혁명
(비공식)

AI에 의한 생산관리 등이
가능한 시대로

AI에 의한 관리가 가능해져서
생산성이 비약적으로 상승하는 시대로

AI 시대의 지식   스마트폰을 리모컨 대신으로

11 | 스마트 가전

대표 격인 로봇 청소기

최근에는 우리 생활 가까이에도 AI가 탑재된 가전이 늘어나고 있다. 그 대표 격으로 불리는 것이 바로 로봇 청소기이다. 로봇 청소기가 여러 개의 방을 돌아 다니며 청소할 수 있는 것은 탑재된 수십 개에 달하는 센서와 그 정보를 처리·판단하는 AI의 기능 덕분이다.

앞으로도 점점 가전에 AI가 탑재될 거라 예상하지만, 그중 주류는 스마트폰에 애플리케이션을 설치하고 리모컨 대신 사용하거나 데이터를 관리하는 '스마트 가전'이다. 아직은 정보를 수동으로 입력해야 할 필요가 있지만 앞으로는 인터넷을 통해 정기적으로 갱신되는 정보를 자동으로 취득하여 가전도 더욱 복잡한 판단을 할 수 있는 시대가 될 거라 예상한다.

꼭 알아두기! 그 외의 스마트 가전

AI 스피커
자동 옷 개기 기계
식단을 제안해주는 냉장고 등

가전에 편입되어 가는 AI

최근 가전의 발달은 익히 알려진 바와 같지만, 그 중에도
특화형 AI는 벌써 도입되기 시작했다.

1970년대~ 마이컴 가전	→	2000년대~ AI 가전
마이크로컴퓨터로 온도관리나 시간관리 (타이머) 등을 제어		특화형 AI가 센서로 상황을 판단하여 적절한 동작으로 전환

일부 상용화가 시작된 클라우드 이용형 AI 가전

대화형 냉장고	AI 스피커
대화식 AI에 쇼핑 목록을 전달하면, 식재료를 기억. 클라우드 데이터에서 검색하여 냉장고 안에 있는 식자재로 만들 수 있는 식단을 제안한다.	대화식 AI가 인터넷으로 주문부터 다른 가전의 컨트롤까지 담당하고, 그 기록으로 주기나 취향을 파악하여 내게 맞는 추천을 제안한다.

가전이 이용자의 행동을 먼저 파악하여
제안하는 편리한 시대가 된다

12 | 자율주행자동차

과제는 안전성의 확보

출발지부터 목적지까지 운전의 모든 과정, 또는 일부를 컴퓨터 제어와 자율주행장치에 의해 주행하는 자동차를 '자율주행자동차'라고 한다.

여기서 중요한 것은 안전을 확보하기 위한 고도의 상황판단이나 교통지식이므로, 완전자율주행의 실현을 위해서는 상당히 높은 AI 기술이 필요하다.

자율주행 레벨은 자동차의 액셀과 핸들, 브레이크를 각각 독립하여 제어하는 레벨 1부터 사람이 전혀 운전에 관여하지 않는 레벨 5까지 5단계로 정의할 수 있다. 현재는 레벨 1이 실용화되고 있으며, 지금의 진화속도라면 2030년까지 레벨 5를 실현할 수 있을 거라 기대한다.

꼭 알아두기! 〉 **자율주행 레벨**

1. 액셀, 핸들, 브레이크의 독립제어
2. 위의 사항 중 2가지 이상을 연계해서 제어
3. 1의 사항을 컴퓨터가 제어하지만, 긴급 시에는 사람이 운전
4. 사람은 운전에 전혀 관여하지 않음

미국 운송성이 채용한 자율주행 레벨 정의

AI에 의한 운전 서포트는 벌써 도입되었고, 자율주행의
기술개발도 더욱더 박차를 가하고 있다.

미국 운송성이 채용한 자율주행 레벨 정의

(SAE＝Society of Automotive Engineers)

SAE 레벨

레벨 1	AI가 상황에 따라 운전자를 서포트 (예: 긴급상황 자동 브레이크, 동일차선주행)
레벨 2	AI에 의한 운전이 사실상 가능하지만, 사람은 AI와 운전을 분담함
레벨 3	AI가 실질적으로 운전하고 그 외 센서 등으로 주변을 감시. 사람은 감시와 언제든 AI와 교대할 준비를 해두어야 함
레벨 4	AI가 실질적인 운전·주변 감시를 함. 사람이 운전 할 필요는 없지만, AI 운전에는 환경·조건의 제약이 있음
레벨 5	환경 · 조건의 제약 없이 AI가 운전함

출전: 내각관청 IT 종합전략실자료
'자동운전레벨의 정의를 둘러싼 움직임과
향후 대응(안)' (2016/1/27)부터 가필 수정

자동주차는 레벨 20야!

자율주행 실험은 레벨 3단계.
버스나 유통업계에서도 시도하고 있음

AI 시대의 지식 | 의사 부족 문제를 해결할까? AI 닥터

13 | AI 닥터

방대한 데이터 이용이 가능

최근, AI를 질병 치료에 사용하고자 하는 움직임이 성행하고 있다. 이렇게 의료분야에서 실질적으로 사용되는 AI를 'AI 닥터'라고 부른다. 모든 의료 현장에서 AI를 쓰는 것은 불가능하지만, 주로 화상분석 등의 분야에서 실용화되어 의사가 발견하지 못했던 병인을 AI가 발견한 예도 나오고 있다.

또, 사람은 기억력에 한계가 있어 최신 논문을 모두 파악하기 어렵지만, AI는 방대한 데이터를 순식간에 이용할 수 있어 치료방법을 쉽게 도출할 수 있다.

AI 닥터가 실용화되면 의사 부족 문제, 원격지에서의 의료, 고령자의 건강 유지와 같은 사회문제 해결로도 이어질 것이라 기대하고 있다.

꼭 알아두기! ▶ AI 닥터의 장점

화상진단능력이 월등히 뛰어남
과거의 논문이나 증상 예를 조회하여 적절한 진단을 내릴 수 있음
데이터 처리 능력이 뛰어남

AI 닥터의 미래

일부 실용화되긴 했지만, 일반화까지는 아직 먼 AI 닥터.
향후 단계적으로 도입될 거라 예상된다.

AI 닥터의 현상

- 의료행위를 할 정도의 수준은 아님
  → 의사와 같이 수술 모든 과정을 진행하기
  위해서는 많은 과정이 필요해서 어려움
- 병의 원인 발견 등의 수준은 높음
  → 화상진단으로 병인 발견 등, 특화형 AI
  가 활약 가능한 경우가 늘어나고 있음

AI 닥터의 향후 활약의 장

의료현장	예방의학
고도의 술식을 필요로 하는 수술이 가능한 AI가 등장할 가능성이 있음	대화식 AI가 문진을 하거나, 질병예방을 지도함

윤리문제로 실현까지는
높은 장벽이 있음

실현화가 기대되는
이용방법

AI 닥터에 의한 예방이나 문진이
일상화될 날도 머지않았다

AI 시대의 지식 | AI 진화는 사람의 일을 뺏는다

14 | AI 실업

대량의 실업자가 출현하는 것은 언제인가

AI 도입으로 인해 사람의 직업에 큰 변화가 있을 거라고 한다. 여기에서 비롯된 사회문제가 바로 'AI 실업'이다.

이는 진화한 AI가 사람의 일을 대체하게 되어 직업을 잃게 된다는 것으로 어느 연구에 의하면, 지금부터 10~20년 사이에 AI로 인해 바뀌는 업무량은 약 50%에 육박하며, 그 결과 대량의 실업자가 나올 거라고 한다.

없어질 업무로는 공장 등의 단순노동뿐 아니라 오히려 머리를 써야 하는 사무직, 보험회사의 검정담당자, 부동산 중개업, 회계사에까지 이를 것이라 보고 있다. 현재 큰 은행이나 생명보험회사 등이 대폭의 구조조정을 실행하려고 하는 것도 이와 같은 흐름에서이다. AI로 인해 가까운 미래에 우리의 직업에 큰 변화가 오는 것은 틀림없는 사실이다.

꼭 알아두기! 〉 **AI 도입으로 줄어들 직업**

1. 사무원
2. 전문가(변호사·회계사 등)
3. 자동차 운전자

AI 실업은 왜 생기는가?

AI에 의한 업무의 효율화 · 수익증가를 기대,
각 기업에서도 AI 진화에 주목하고 있다.

2020년까지 AI로 대체될 직업

사무원

데이터 입력 자동화가
발달, 집계 등의 업무는
AI가 가능

제조 · 생산업

복잡하고 어려운 작업이
가능한 AI로봇의 양산

건설

특수 기술도 재현 가능한
AI 등장으로 전문가가
필요없게 됨

그 외

- 음악
- 예술
- 스포츠
- 법률

출전: 세계경제포럼 2013년 리포트 가필수정

현재의 50%에 가까운 직종을
AI가 대신한다고?

AI가 사람을 대체할 직업은
지적노동 분야까지 달함

찾아보기

참고문헌

『제로부터 시작한다! 통계학 보는 만큼 노트』(타카라지마사) 감수/나가노 히로유키

『지적 생산력이 극적으로 높아지는 최강 프레임워크 100』(SB 크리에이티브) 저자/나가타 도요시

『비주얼 비즈니스·프레임 워크』(닛케이 문고) 저자/호리 기미토시

『글로비스 MBA 키워드 도해 기본 프레임워크 50』(다이아몬드사) 저자/글로비스, 집필/시마다 츠요시

『글로비스 MBA 키워드 도해 비즈니스의 기초 지식 50』(다이아몬드사) 저자/글로비스, 집필/시마다 쓰요시

『글로비스 MBA 키워드 도해 기본 비즈니스 분석 툴 50』(다이아몬드사) 저자/글로비스, 집필/시마다 쓰요시

『AI 실업』 전야−앞으로 5년, 직장에서 일어나는 일』(PHP 비즈니스 신서) 저자/스즈키 다카히로

『최신 도해로 빨리 알기 인공지능을 통째로 알 수 있는 책』(소텍사) 저자/다구치 가즈히로, 모리시마 료우코

『사카모토 마키 선생이 가르치는 인구 지능을 거의 알 수 있는 책』(옴사) 저자/사카모토 마키

『신판 생각하는 기술·쓰는 기술』(다이아몬드사) 저자/바바라민트, 일역/야마자키 코우지, 감수/글로비스·매니지먼트·인스티튜트

『화이트 스페이스 전략 비즈니스 모델의 〈공백〉을 노려라』(CCC 미디어하우스) 저자/마크 존슨, 일역/이케무라 치아키

『비즈니스 모델 이노베이션의 원칙』(다이아몬드 하버드 비즈니스 라이브러리 2009년 4월호) 저자/마크 W. 존슨, 클레이튼 M. 크리스텐센, 헤닝 커거먼

『경쟁의 전략 신정판』(다이아몬드사) 저자/M.E.포터, 일역/도키 콘, 핫토리 데루오, 나카쓰지 만지

『기업 전략론 (상) 기본편 경쟁우위 구축과 지속』(다이아몬드사) 저자/제이 B. 바니, 일역/오카다 마사히로

『경쟁우위의 전략』(다이아몬드사) 저자/M.E.포터, 일역/도키 콘, 나카쓰지 만지, 오노 다케오

『블루 오션 전략−경쟁 없는 세상을 창조하다』(다이아몬드사) 저자/W 장킴, 레네 모보르뉴

『신 하버드식 교섭술−감정을 긍정적으로 활용하다』(고단샤) 저자/로저 피셔, 다니엘 샤피로, 일역/인나미 이치로

『ICT의 진화가 고용과 근로 방식에 미치는 영향에 관한 조사 연구』(총무성)

『로지컬 디스커션 팀 생각의 정리 기술』(일본경제신문 출판사) 저자/호리 기미토시, 가토 아키라)

『디시전·메이킹, 현력과 납득의 의사결정술』(일본 경제신문 출판사) 저자/호리 기미토시, 가토 아키라

『아이디어·이노베이션 창발을 낳는 팀 발상술』(일본 경제 신문 출판사) 저자/호리 기미토시, 가토 아키라

『팀·퍼실리테이션』(아사히 신문출판) 저자/호리 기미토시

『신판 문제 해결 프로패셔널/사고와 기술』(다이아몬드사) 저자/사이토 요시노리

『문제 발견 프로패셔널 구상력과 분석력』(다이아몬드사) 저자/사이토 요시노리

『경영 전략 전사』(디스커버·투엔티원) 저자/미타니 코우지

『전략 리더쉽-'리더십 능력'양성 강좌』(동양경제신보사) 저자/이시카와 다다유키, 오노 류이치

『문제 해결 방법의 지식』(일본 경제신문사) 저자/다카하시 마코토

『더 골-기업의 궁극의 목적이란 무엇인가』(다이아몬드사) 저자/E·골드랫, 일역/산본기 료

『신판 더·마인드 맵』(다이아몬드사) 저자/T·부잔 외, 일역/치카다 미키코

『마인드 맵 전략 입문-시각으로 몸에 익히는 35개의 프레임워크』(다이아몬드사) 저자/쓰카하라 미키

『GE식 워크아웃』(닛케이 BP사) 저자/D·울리히 외, 일역/다카하시 토오루, 이토 다케시

『조직개발 핸드북-조직을 건전하고 공고히 하는 4가지 시점』(동양경제신보사) 저자/피플 포커스 컨설팅

『모티베이션 3.0 '지속되는 '의욕!'을 어떻게 끌어낼까』(고단샤) 저자/D·핑크, 일역/오오마에 켄이치

『코칭 입문 제2판』(일본경제신문사) 저자/혼마 마사토, 마츠세 리호

『캐리어 앵커 자신의 진짜 가치를 발견하자』(백도서방) 저자/E.H.샤인, 일역/가나이 도시히로

『기업 변혁력』(닛케이 BP사) 저자/J·코터, 일역/우메즈 히로요시

기타 다수 문헌을 참고로 작성

비즈니스 프레임워크 100 유용한 키워드 도감

2020. 6. 8. 초 판 1쇄 인쇄
2020. 6. 12. 초 판 1쇄 발행

감 수 | 스즈키 다카히로
옮긴이 | 이재덕
펴낸이 | 이종춘
펴낸곳 | BM (주)도서출판 **성안당**
주소 | 04032 서울시 마포구 양화로 127 첨단빌딩 3층(출판기획 R&D 센터)
　　　 | 10881 경기도 파주시 문발로 112 출판문화정보산업단지(제작 및 물류)
전화 | 02) 3142-0036
　　　 | 031) 950-6300
팩스 | 031) 955-0510
등록 | 1973. 2. 1. 제406-2005-000046호
출판사 홈페이지 | **www.cyber.co.kr**
ISBN | 978-89-315-8925-2 (03320)
정가 | **15,000원**

이 책을 만든 사람들
책임 | 최옥현
진행 | 최동진
교정·교열 | 디엔터
본문·표지 디자인 | 디엔터, 박원석
홍보 | 김계향, 유미나
국제부 | 이선민, 조혜란, 김혜숙
마케팅 | 구본철, 차정욱, 나진호, 이동후, 강호묵
제작 | 김유석